CINDY CHAPELLE

CHASSER LES MANGEURS DE TEMPS

Revenir à l'essentiel

JouVence

De la même autrice aux Éditions Jouvence

Méditer dans le métro, le bus, le tram

Méditer en tout lieu, à tout moment

30 + 1 idées de pause en tout lieu, à tout moment

Mon cahier poche :
Ma slow life : je lève (enfin) le pied

Mon potager en permaculture, c'est parti !

Un rituel zen par jour

Un jour, un défi

Carpe diem du matin

Carpe diem du soir

La Slow Life en pleine conscience

ÉDITIONS JOUVENCE
France : BP 90107 – 74160 Saint-Julien-en-Genevois Cedex
Suisse : Route de Florissant, 97 – 1206 Genève
Site Internet : www.editions-jouvence.com
Mail : info@editions-jouvence.com

Catalogue gratuit sur simple demande

ISBN : 978-2-88953-562-0

Dessin de couverture : Louise Laurent @Lavilletlesnuages
Maquette de couverture : Antartik
Couverture : Éditions Jouvence
Mise en pages : SIR

Sommaire

Introduction

Le temps ne s'épargne pas. Il s'écoule, un point, c'est tout. Nulle possibilité de retour en arrière. Devant ces évidences que l'on oublie souvent une fois pris dans le flot du quotidien, le temps devient précieux. En affinant sa conscience du temps qui passe, on peut chercher à mieux le gérer, à le valoriser pleinement. Pour partir à la reconquête de votre temps, ce livre vous invite à mettre en lumière tout ce qui vous en fait perdre et à remettre à l'honneur vos priorités !

Qu'est-ce qu'un mangeur de temps ?

Depuis quelques années, on entend beaucoup le mot « chronophage ». On parle ainsi d'activités chronophages pour désigner « ce qui demande beaucoup de temps ou qui en fait perdre[1] ». Un mangeur de temps peut être une activité, une attitude ou encore une habitude qui nous fait perdre notre précieux temps. Un voleur de minutes (d'heures, de journées!) qui parfois n'apporte pas grand-chose et grignote des plages de temps qui pourraient être dédiées à nos priorités. Dans la recherche d'une meilleure gestion du temps, les mangeurs de temps sont à démasquer, et, pour certains, tout bonnement à neutraliser! Ainsi, tandis qu'une meilleure organisation quotidienne (et bien d'autres astuces à découvrir dans ces pages) vous aidera à mieux gérer les mangeurs de temps que peuvent représenter les courses ou le ménage, l'inaptitude à dire « non », autre voleur de temps, pourra quant à elle être complètement contrecarrée. Par ailleurs, certains mangeurs de temps, comme les « interruptions intempestives », nous prennent de précieuses minutes dans l'instant, mais aussi à moyen terme.

Passer à la loupe ses réflexes et habitudes

Pour neutraliser les mangeurs de temps, encore faut-il les débusquer… Une démarche de prise de recul et d'observation que vous pourrez entreprendre en vous appuyant sur des conseils clés. Car il s'agit là d'une réelle remise en question de certaines de vos habitudes et pratiques. L'occasion aussi de voir quelle place occupe dans votre vie chacun des mangeurs de temps que vous aurez démasqués. Plus précisément, il est important de connaître le poids de chacun d'eux dans votre vie. Les écrans représentent peut-être de gros voleurs de temps dans votre quotidien, comparés au manque d'ordre qui grignote vos minutes dans une moindre mesure. Un temps d'introspection nécessaire car chacun d'entre nous vit avec ses propres mangeurs de temps à intensité variable en fonction de sa personnalité mais aussi de son environnement.

La chasse aux mangeurs de temps

Une fois démasqués, vos voleurs de temps n'auront qu'à bien se tenir ! De petits et grands plans d'action vous seront proposés de façon ludique et concrète, avec des astuces et exercices pratiques qui, en plus de vous faire gagner du temps, vous conduiront à vous concentrer sur ce qui compte vraiment pour vous, à développer votre créativité, à grandir, à être plus présent(e) à vos ressentis, à être plus entier/entière dans vos choix, à vivre plus sereinement.

Retrouver son temps et revenir à l'essentiel

Faire la chasse aux mangeurs de temps, c'est aussi retrouver du souffle. De véritables espaces de respiration à valoriser pour améliorer sa qualité de vie. Il s'agit là d'un véritable enjeu : choisir ce que l'on fait de son temps. Car, oui, dans la plupart de nos activités quotidiennes, nous avons du pouvoir sur notre temps, nous pouvons décider de l'employer de telle ou telle façon, de le dédier à telle ou telle action.

Pour commencer votre chasse aux mangeurs de temps, je vous propose de lire ces quelques mots et de laisser simplement émerger ce qu'ils vous évoquent avant de passer au paragraphe suivant : *« Souvent, quand on est enfant, on a l'impression de ne pas être dans notre vie parce que ce sont les parents qui décident. Ensuite, quand on fait ses études, on est tellement enfermé qu'on se dit qu'on n'est pas dans notre vie mais qu'on y sera plus tard quand on aura un métier. Parfois on est déçu de son métier, on se dit : "Ce n'est pas vraiment ma vie, mais j'ai les week-ends." Parfois, les week-ends, on se dit : "C'est un peu court mais bientôt la retraite…[2]"»*

À travers ces mots de l'acteur Édouard Baer, on peut se rendre compte que, régulièrement détournés de ses désirs profonds et de ce qui fait sens pour soi, on en vient à être spectateur de sa propre vie. À l'inverse, en se recentrant sur ses priorités, en ne perdant plus de temps inutilement, en devenant plus conscient(e) de la préciosité de ses minutes, on emprunte un chemin salvateur pour reprendre les rênes de son existence.

Chapitre 1

Comment retrouver votre temps ?

Le temps passe, s'écoule et, pour peu que l'on n'y prête pas attention, se dilapide sans que l'on ait eu le temps de dire « ouf ». Au quotidien les expressions courantes telles que « Je n'ai pas le temps » ou « Dépêche-toi » nous parlent de notre délicate gestion du temps. C'est le mal du siècle, nous courons après le temps… qui ne nous attend pas. Cette conscience de la valeur de notre temps est le point de départ de toute démarche pour apprendre à mieux le défendre et le valoriser.

Défendre votre temps

Retrouver son temps, c'est avant tout apprendre à le défendre, que ce soit face à nos propres travers (la tendance à vagabonder sur les réseaux sociaux sans voir le temps qui passe, par exemple), face aux « obligations » (sont-elles vraiment toujours des obligations ou urgences ?) ou face aux sollicitations d'autrui. Dans cette mission de protection à entamer sans attendre, il est question de démasquer ces voleurs de minutes afin d'être mieux armé contre eux et de vous en prémunir.

N'avez-vous vraiment pas le temps ?

Cette question n'est pas là pour vous culpabiliser, mais bien pour bousculer vos conceptions liées à votre relation au temps. Quand on pense à toutes les aides modernes (dont font partie certains appareils domestiques tels que la machine à laver) qui nous font gagner du temps depuis leur mise sur le marché, il est légitime de se demander où sont passées ces précieuses minutes économisées. La maximisation du temps en est une explication. Elle consiste à s'efforcer à faire un maximum de choses en un minimum de temps, autrement dit à mettre à profit chaque minute. Sauf qu'avec ce mode d'action, les missions s'accumulent et, avec celles-ci, la frustration de ne jamais arriver à faire tout ce que l'on avait prévu tant la tâche est immense et l'objectif inaccessible. Il est alors question de décélération et de mise en avant de ses priorités. Vous allez découvrir dans les pages qui suivent qu'apprendre à prioriser est une clé essentielle dans la gestion du temps.

Vous dégager du temps

Détecter et gérer les mangeurs de temps est un excellent moyen de vous dégager du temps, de retrouver un temps perdu, oublié dans la frénésie quotidienne. Il est ici question de **privilégier un temps de qualité**, par exemple en prenant un café avec un ami en toute sérénité, et non en calant ce rendez-vous entre deux autres. Que ce soit pour réaliser une tâche au bureau ou pour vivre un moment en famille, retrouver un temps de qualité est ici votre mission. Un temps où vous serez vraiment présent(e) à ce que vous faites, à ce que vous ressentez, à ce que vous vivez, finalement un temps où vous serez pleinement disponible à l'instant.

L'expérience du temps de personnalités connues

Thierry Marx, chef étoilé

« La cuisine, c'est aussi la maîtrise du geste – une coupe et un goût justes –, la maîtrise du feu – la cuisson – et celle du temps. [...] J'ai appris très jeune à ne pas perdre de temps avec les contraintes inutiles. C'est devenu mon

kodawari, *comme disent les Japonais, ce qui est indispensable à chacun et auquel on ne peut pas toucher. […] La spiritualité m'a aidé : en me posant dans des lieux de culte, j'ai retrouvé cette capacité à me réapproprier le silence, le temps de prière, puis j'ai découvert la méditation au Japon… Quand je pratique la méditation, je m'accorde un temps non calculé qui me fait du bien*[3]. »

Pierre Rabhi, essayiste et agriculteur

« *Depuis l'origine de l'humanité, le temps est indexé sur le temps cosmique (les saisons, le rythme du vivant), raison pour laquelle je peux renoncer à beaucoup de choses, sauf à mon jardin qui me reconnecte à cette temporalité. J'ai aussi appris à m'écouter : revenir à son corps et à sa respiration permet de garder la vraie cadence de la vie*[4]. »

Jean-Louis Servan-Schreiber, journaliste et essayiste

« *La relation entre la vie et le temps est centrale, cette préoccupation ne m'a jamais quitté. Remplacez donc le mot "temps" par le mot "vie" dans les expressions "Je manque de temps",*

"Je n'ai pas de temps" pour comprendre que le temps est ce que nous avons de plus précieux : c'est la seule chose qui passe quoi qu'on fasse[5]. »

« Beaucoup plus que de l'argent, le temps, c'est la vie. On ne peut se résigner à un malaise qui mine à la fois notre efficacité et notre sérénité[6]. »

Ellen MacArthur, navigatrice

« En mer, on se concentre sur le temps du bateau, sur son énergie, ses voiles, sur ce petit monde sur lequel on vogue, tel un système dans un écosystème beaucoup plus large[7]. »

Chapitre 2

Lumière sur vos principaux grignoteurs de minutes

Si vous avez ce livre entre les mains, c'est que vous êtes conscient(e) du fait que vous dilapidez parfois votre temps ou que vous vous faites grignoter vos minutes. Vous êtes ainsi bien décidé(e) à retrouver un temps de qualité. Oui, mais encore faut-il savoir identifier clairement vos mangeurs de temps.

Qui sont les mangeurs de temps ?

On parle de mangeurs de temps internes (générés par soi-même en tout ou partie) et externes (de sources extérieures). Ces éléments chronophages peuvent être des activités, des attitudes, des pensées, des habitudes, etc.

Dans les années 1970, les travaux du chercheur américain Alec Mackenzie[8], repris par Jean-Louis Servan-Schreiber dans son livre *L'Art du temps*[9], ont mis en évidence toute une bande de voleurs de temps. Découvrez-en la liste actualisée au regard de notre société actuelle. Les 30 voleurs de temps nommés ci-contre peuvent prendre racine tant dans votre vie personnelle que professionnelle.

Les mangeurs de temps externes

1. Les réseaux sociaux
2. La gestion des mails
3. La télévision, les séries et vidéos en tout genre
4. Les files d'attente
5. Les embouteillages
6. L'entretien et la réparation des appareils domestiques
7. La conduite des enfants à leurs rendez-vous et activités extrascolaires
8. Le ménage, les courses, la cuisine
9. Une forme de « devoir » de disponibilité (le fait d'être toujours joignable)
10. Les interruptions par les enfants
11. Les démarches administratives diverses
12. Les visites imprévues (principalement des entrées à l'improviste dans votre bureau)
13. La surconsommation (mode de vie consumériste)
14. Les appels téléphoniques imprévus ou inutilement longs
15. Les réunions non préparées, trop fréquentes ou trop longues
16. Les publicités omniprésentes captant notre attention

Les mangeurs de temps internes

17. L'indécision ou les décisions trop rapides
18. Les conflits non résolus
19. La perte de la notion du temps
20. Les priorités et les objectifs confus et changeants
21. Le perfectionnisme
22. La tendance à en faire trop
23. La peur du vide ou le syndrome de l'agenda à remplir
24. Le manque d'ordre
25. La difficulté à déléguer
26. La résistance aux changements
27. L'inaptitude à dire « non »
28. La fatigue
29. Le manque de planification
30. L'accumulation d'informations

Il se trouve que nous pouvons directement agir sur bon nombre de ces voleurs de temps. Première étape : repérer vos propres mangeurs de temps, les principaux, ceux qui se sont, mine de rien, installés dans votre quotidien. En jeu : retrouver tout ce temps perdu !

Dénichez vos mangeurs de temps

Durant une journée (en semaine), faites l'inventaire de vos voleurs de minutes. Complétez ce tableau en deux temps : en fin de matinée, puis en fin de journée, afin qu'il soit le plus précis possible. Cochez la première case si tel mangeur de temps s'est glissé une fois dans votre journée, 2 cases s'il s'est manifesté à deux reprises et ainsi de suite jusqu'à 5 cases (ce qui correspond à une fréquence de cinq fois et plus). Vous noterez ainsi la présence et la fréquence de tel ou tel mangeur de temps dans votre vie.

Mangeurs de temps	Fréquence
Les réseaux sociaux	☒ ☐ ☐ ☐ ☐
La gestion des mails	☐ ☒ ☐ ☐ ☐
La télévision, les séries et vidéos en tout genre	☐ ☐ ☐ ☐ ☐
Les files d'attente	☐ ☐ ☐ ☐ ☐
Les embouteillages	☐ ☐ ☐ ☐ ☐
L'entretien et la réparation des appareils domestiques	☐ ☐ ☐ ☐ ☐

La conduite des enfants à leurs rendez-vous et activités extrascolaires	☒ ☐ ☐ ☐ ☐
Le ménage, les courses, la cuisine	☐ ☒ ☐ ☐ ☐
Une forme de « devoir » de disponibilité	☐ ☐ ☒ ☐ ☐
Les interruptions par les enfants	☐ ☐ ☐ ☐ ☒
Les démarches administratives diverses	☐ ☐ ☐ ☐ ☐
Les visites imprévues	☒ ☐ ☐ ☐ ☐
La surconsommation	☐ ☐ ☐ ☐ ☐
Les appels téléphoniques imprévus ou inutilement longs	☐ ☐ ☐ ☐ ☐
Les réunions non préparées, trop fréquentes ou trop longues	☐ ☐ ☐ ☐ ☐
Les publicités omniprésentes captant notre attention	☐ ☐ ☐ ☐ ☐
L'indécision ou les décisions trop rapides	☒ ☐ ☐ ☐ ☐
Les conflits non résolus	☒ ☐ ☐ ☐ ☐
La perte de la notion du temps	☐ ☐ ☐ ☐ ☐
Les priorités et les objectifs confus et changeants	☒ ☐ ☐ ☐ ☐
Le perfectionnisme	☒ ☐ ☐ ☐ ☐

La tendance à en faire trop	☒ ☐ ☐ ☐ ☐
La peur du vide ou le syndrome de l'agenda à remplir	☐ ☐ ☐ ☐ ☐
Le manque d'ordre	☐ ☐ ☐ ☐ ☐
La difficulté à déléguer	☐ ☐ ☐ ☐ ☐
La résistance aux changements	☐ ☐ ☐ ☐ ☐
L'inaptitude à dire « non »	☐ ☐ ☐ ☐ ☐
La fatigue	☐ ☐ ☒ ☐ ☐
Le manque de planification	☐ ☐ ☐ ☐ ☐
L'accumulation d'informations	☐ ☐ ☒ ☐ ☐

Que vous révèle ce tableau ? Aviez-vous conscience de la place de vos mangeurs de temps dans votre vie ? Êtes-vous surpris(e) par la fréquence de certains ? Avez-vous identifié l'existence de voleurs de minutes que vous ne pensiez pas repérer dans votre quotidien ? Prenez un temps pour effectuer un bilan de cette journée de comptage afin de mieux comprendre comment s'envolent vos précieuses minutes.

Notez vos 5 principaux mangeurs de temps ici :

1. l'enfant
2. le téléphone
3. la fatigue
4. une forme de "devoir"
5. objectifs confus et changeants

Puis, prenez une grande inspiration avant de vous atteler à la gestion de vos principaux mangeurs de temps listés ci-dessus.

Chapitre 3

Gérer vos mangeurs de temps un à un

Maintenant que vous avez mis en lumière vos différents grignoteurs de minutes et que vous les avez classés par ordre d'importance, c'est le moment de les neutraliser ! Car, oui, avoir conscience de leur présence dans votre quotidien est une chose, apprendre à les gérer voire à les chasser en est une autre. Ici, vous allez vous recentrer peu à peu sur vos priorités personnelles et professionnelles par des plans d'action spécifiques qui vont avoir une incidence positive sur bien des aspects de votre vie.

Mener des actions pas à pas

Vous allez découvrir dans les pages suivantes une feuille de route pour gérer chaque mangeur de temps. Elle vous propose différentes actions guidées par les intitulés suivants.

- **Astuce :** un conseil simple et direct pour commencer.
- **Des mots qui motivent :** une citation pour avancer vers une meilleure gestion d'un mangeur de temps.
- **Du tac au tac :** agir dans l'instant, c'est ce que vous propose cette invitation.

- **C'est pour demain :** certaines actions pour mieux gérer un mangeur de temps demandent une certaine anticipation.
- **Rituel :** une nouvelle bonne habitude à intégrer dans votre quotidien.
- **Ma nouvelle bonne résolution :** à vous de lancer le changement en écrivant une ligne à suivre pour retrouver votre temps.
- **Défi :** c'est le moment de sortir de votre zone de confort et d'être à l'origine d'un profond changement en faveur de votre temps.

Trois bonnes pratiques quotidiennes

Dans votre démarche pour gérer les mangeurs de temps et revenir à l'essentiel, invitez-vous à concrétiser ces trois rituels quotidiens.

1. **Réjouissez-vous d'être juste là, vivant dans le moment présent :** en arrivant au travail, offrez-vous un temps pour sourire.
2. **Soyez au clair afin de ne pas perdre votre temps :** en quittant le travail, veillez toujours à bien ranger votre bureau et à noter les choses importantes pour le lendemain. L'occasion de vous organiser et de vous

sentir plus léger/légère en vous déchargeant d'une charge mentale grâce à l'écrit.

3. **Ménagez-vous une bulle de temps rien que pour vous :** en fin de journée (et même au cours de la journée !), reliez-vous à votre respiration. Écoutez-la simplement sans chercher à la modifier, juste à l'observer. Puis, prenez une grande inspiration et soufflez lentement par la bouche.

Les mangeurs de temps externes

Mangeur de temps n° 1 : les réseaux sociaux

Nous passons en moyenne 2 h 25 par jour sur les réseaux sociaux[10] (tous réseaux confondus). C'est un fait, les réseaux sociaux sont de grands mangeurs de temps. Ne serait-il pas judicieux de les mettre un peu à distance ? Cette tendance à passer beaucoup de temps sur les réseaux sociaux installe une forme de dépendance à l'information avec la peur de ne pas tout suivre. On parle du syndrome FOMO (*fear of missing out*) pour désigner la « peur de rater quelque chose ». Cette crainte de manquer un fait important, une nouvelle, un événement, permettant d'interagir socialement peut nourrir une véritable dépendance psychologique aux réseaux. Découvrez un petit plan d'action pour passer outre à la crainte de manquer une nouvelle, pour vous éloigner des écrans et pour vous détacher du virtuel, sans pour autant perdre ce que vous aimez y trouver.

Je passe à l'action

- **Astuce :** au réveil, attendez au moins une heure pour allumer votre smartphone. Si nécessaire, achetez-vous un réveil pour éviter d'utiliser votre portable dans cette intention.
- **Des mots qui motivent :** « *On peut passer des heures avec des machines, sans être capable d'entretenir des relations humaines et sociales satisfaisantes. Le progrès technique ne suffit pas pour créer un progrès de la communication humaine et sociale* », Dominique Wolton.
- **Du tac au tac :** limitez les interruptions sonores de certains réseaux sociaux, par exemple en désactivant les alertes de notifications (temporairement ou définitivement). Lorsque vous effectuez une tâche importante, vous pouvez aussi fermer votre messagerie et

mettre votre téléphone en mode silencieux. Vous pouvez par ailleurs régler directement dans les paramètres de certains réseaux sociaux l'envoi d'une alerte en cas de dépassement de la durée de navigation prédéfinie. Autre possibilité : utiliser des applications dédiées à une meilleure gestion du temps pour le respect de votre concentration lorsque vous travaillez et le respect de votre temps libre (par exemple Space ou Flipd).

- **C'est pour demain :** face aux échanges virtuels, préparez un lendemain sous le signe de relations bien réelles et valorisez la proximité. Vous pouvez par exemple organiser un déjeuner avec un ami cher, prendre le temps de discuter avec une collègue de travail ou encore faire la conversation à une mamie installée sur un banc ! Renforcez le lien social dans tout ce qu'il a de plus beau. Et n'hésitez pas à prendre régulièrement des nouvelles de vos proches en leur demandant sincèrement comment ils vont car les réseaux sociaux ne remplacent pas une conversation à cœur ouvert !
- **Rituel :** votre journée de travail terminée, prenez l'habitude de déposer votre téléphone dans un tiroir en rentrant chez vous. Vous

avez des difficultés à « abandonner » votre téléphone ? Laissez-le de côté durant 2 heures avant d'y jeter un œil. Un bon moyen de l'oublier pour ne pas vous oublier vous, ni laisser passer le simple plaisir de se retrouver en famille.

- **Ma nouvelle bonne résolution pour mettre à distance les réseaux sociaux :**

....

....

....

- **Défi :** 3 jours sans écrans à la maison ! Un défi de taille pour des expériences uniques. En oubliant les écrans (hors utilisation au travail), vous allez réveiller votre créativité et vivre de jolis moments seul(e) et en famille. Ni téléphone, ni tablette, ni ordinateur, ni télévision. Un horizon ouvert sur le réel, le palpable. L'occasion de prendre le temps de cuisiner, de discuter tranquillement en couple, de lire une belle histoire à vos enfants, de créer de vos mains, de flâner… Et toute la famille joue le jeu !

Mangeur de temps n° 2 : la gestion des mails

Activité devenue monnaie courante à l'ère d'Internet, gérer ses mails n'est pas une sinécure ! Rares sont les salariés qui y passent moins de 20 minutes quotidiennes et nombreux sont ceux qui y passent plus d'une heure par jour. Alors qu'ils sont la plupart du temps traités dans la minute ou dans la journée[11], un quart des mails reçus sont pourtant jugés inutiles. En plus d'être un mangeur de temps conséquent, la gestion des mails est aussi une source de stress, d'autant plus qu'elle est également pratiquée sur le temps personnel de certains salariés qui peuvent consulter leurs messages en dehors du travail. Dès lors, c'est la porte ouverte au temps passé à gérer ses mails les soirs de semaine, le week-end et en vacances…

Je passe à l'action

- **Astuce :** gérer ses mails, une question d'organisation ! Trois principales actions vont vous y aider.
  1) Commencez toujours par trier vos mails en mettant directement à la poubelle tout spam et autres mails parasites (veillez

à vous désinscrire des newsletters inutiles ou à bloquer certains contenus).

2) Répondez aux plus urgents, notamment aux messages qui nécessitent une action rapide de votre part.

3) Archivez le reste pour y revenir plus tard (d'autant que certains mails sont plus longs à traiter). Sans y passer trop de temps (on parle bien de gérer ce mangeur de temps, et pas de l'amplifier !), veillez à bien classer votre boîte mail pour éviter que vos courriels ne s'empilent comme des dossiers sur votre bureau.

- **Des mots qui motivent :** « *Innover, c'est savoir abandonner des milliers de bonnes idées* », Steve Jobs.
- **Du tac au tac :** plutôt que d'envoyer un mail à votre collègue de bureau installé à seulement quelques mètres de vous, allez le voir directement. Assurez-vous de ne pas le déranger pour ne pas jouer à votre tour les mangeurs de temps (voir « Les visites imprévues », page 61), quitte à vous organiser de brefs créneaux définis ensemble au cours de la journée pour faire des points réguliers si besoin. L'occasion de moments d'échange

avec une attention pleine et entière des deux côtés, bien plus agréables et efficaces !

- **C'est pour demain :** selon votre activité, réfléchissez à des solutions pratiques qui pourraient vous faire gagner du temps dans votre gestion des mails. Ce peut être par exemple d'automatiser certaines réponses avec des textes tout prêts, mais aussi d'être plus précis(e) dans l'objet de vos mails ainsi que dans le corps de vos textes pour éviter d'avoir à fournir un complément de réponse.
- **Rituel :** gérez vos mails une ou deux fois par jour (en délimitant une ou des séquences dédiées). Ne vous laissez pas voler votre temps quand vous êtes concentré(e) sur une tâche en consultant « vite fait » vos mails, puisque cela peut vous faire perdre un bon quart d'heure, voire plus. Paramétrez votre boîte mail pour ne pas recevoir de notification à chaque nouveau courriel reçu (qui est parfois un spam !). Une façon de prioriser face à un mangeur de temps qui peut facilement empiéter sur des tâches et missions essentielles.

- **Ma nouvelle bonne résolution pour une meilleure gestion de mes mails :**

....

....

....

- **Défi :** une journée de travail sans consulter vos mails ! Anticipez ce jour sans courriels en prévenant vos collègues de bureau et en privilégiant un jour particulier pour veiller à l'équilibre de votre poste et de votre entreprise. La veille au soir, vous pouvez programmer un message automatique indiquant votre indisponibilité (en précisant éventuellement que pour toute urgence vous restez joignable sur votre téléphone portable). Certes, le lendemain de ce défi, votre boîte mail sera plus chargée, mais quels bénéfices notez-vous aujourd'hui ? Cette expérience pourra vous apporter énormément de sérénité le jour même, plus d'efficacité aussi dans votre travail, sans compter les inspirations qui pourront émerger pour affiner d'autant plus votre gestion des mails.

Mangeur de temps n° 3 : la télévision, les séries et vidéos en tout genre

La télévision s'est installée dans les foyers à partir des années 1950 et la multiplication des chaînes offre une large gamme d'émissions, de feuilletons et autres documentaires. À cela se sont ajoutés, dès les années 2000 avec l'explosion de la bulle Internet, les vidéos, films et séries en *streaming* (lecture en continu). Il suffit d'allumer sa télévision, son ordinateur, tablette ou autre smartphone pour se retrouver scotché(e) devant un écran plus ou moins longtemps. C'est facile, attractif et divertissant, et le temps consacré à ces visionnages peut être surprenant. Il existe d'ailleurs un site pour calculer aisément son temps passé à regarder des séries. Alors, comment tirer le meilleur de ces expériences visuelles ?

Je passe à l'action

- **Astuce :** préférez l'écoute de musique à une émission à la télévision lorsque vous souhaitez produire un fond sonore dans votre intérieur (par exemple, lorsque vous cuisinez).
- **Des mots qui motivent :** *« Depuis que je vois tout à la télévision grâce à la télévision, je pense*

davantage à ce que je suis en train de rater qu'à ce que je vois », Philippe Bouvard.

- **Du tac au tac :** avant d'allumer la télévision par automatisme, assurez-vous d'avoir un programme défini à regarder et évitez de « zapper », ce qui, en plus de faire perdre du temps, apporte peu.
- **C'est pour demain :** durant vos repas, privilégiez un temps de qualité et profitez de l'instant en coupant tout écran pour revenir à la scène concrète qui se joue au présent. Savourez chaque bouchée de votre repas, cela permet de bien mastiquer, ce qui facilite la digestion.
- **Rituel :** un soir par semaine, en définissant un jour précis, prenez l'habitude de ne pas regarder de vidéos quelles qu'elles soient et ouvrez-vous à l'inattendu.

- **Ma nouvelle bonne résolution pour réduire ma consommation de films, séries, vidéos et autres :**

....

....

....

• **Défi :** les séries sont par définition tentatrices. La fin d'un épisode entraîne le désir irrépressible de découvrir le suivant, quitte à prolonger les soirées et à empiéter sur les heures de sommeil. Si vous êtes en train de suivre une série ou si vous vous apprêtez à en regarder une, invitez-vous à vous fixer des limites. Avant de commencer le visionnage, vous pouvez par exemple n'envisager qu'un seul épisode en valorisant en amont tous les points positifs de cette décision : savourer la série et bien intégrer chaque épisode, faire travailler votre imagination en dessinant d'éventuelles suites et rebondissements, consacrer votre temps à quelque chose d'important pour vous (et de bien réel), faire durer le plaisir, préserver votre sommeil et votre forme pour le lendemain. À la fin de l'épisode, ne tergiversez pas et éteignez tout bonnement l'écran ! Sur les plates-formes qui passent automatiquement au prochain épisode, vous pouvez régler les paramètres pour accéder à l'épisode suivant manuellement. L'occasion de discuter de l'épisode visionné avec votre compagne/compagnon et de vous donner rendez-vous rapidement pour la suite.

Mangeur de temps n° 4 : les files d'attente

Contrairement à certains mangeurs de temps qui sont aussi source de plaisir, à l'image du précédent (la télévision, les séries et vidéos en tout genre), d'autres, tels que les files d'attente, n'ont bien souvent rien de plaisant. Le sentiment de perdre son temps, l'envie de fuir, la crainte de se mettre en retard, sont autant de facteurs stressants. Et, même si le temps évalué dans les files d'attente n'est pas considérablement long – huit Français sur dix déclarent y passer moins d'une heure par semaine[12] –, vous pouvez tout de même récupérer quelques précieuses minutes.

Je passe à l'action

- **Astuce :** une évidence que vous pouvez mettre en pratique pour ne plus tomber dans les files d'attente sans fin : en fonction de votre emploi du temps (et de sa souplesse), veillez à vous rendre dans certains lieux hors des horaires d'affluence. Une question de possibilités mais aussi d'organisation, par exemple pour aller retirer un colis postal.

- **Des mots qui motivent :** « *La patience adoucit tout mal sans remède* », Horace.
- **Du tac au tac :** vous vous retrouvez dans une file d'attente, soit. Offrez-vous ce temps pour respirer profondément (voir « Trois bonnes pratiques quotidiennes », page 25) et peut-être pour discuter avec vos voisins.
- **C'est pour demain :** mettez à profit les solutions proposées par les organismes et entreprises que vous fréquentez. Vous pouvez, par exemple, acheter en amont un billet numérique qui vous permettra de contourner une file d'attente le jour de votre visite au musée. Vous pouvez également faire vos courses en ligne, puis les récupérer à un horaire précis en *drive*.
- **Rituel :** marre de patienter dans la file d'attente de votre boulangerie de quartier ? Pourquoi ne pas prendre un peu plus de pain que vous pourrez congeler ou prendre un temps plaisant un soir de semaine pour préparer une miche de pain maison ?

- **Ma nouvelle bonne résolution pour réduire le temps passé dans les files d'attente :**

....

....

....

- **Défi :** passer moins de temps dans les grandes surfaces qui abritent le plus de files d'attente, en voilà un défi ! Pour cela, entreprenez une démarche pour consommer autrement en vous posant les bonnes questions, par exemple : avez-vous vraiment besoin d'aller faire les courses pour acheter du lait, alors que vous pourriez attendre quelques jours et créer des recettes insolites avec tout ce que vous avez encore dans vos placards ? Profitez-en également pour créer du lien social : pourquoi ne pas aller demander à vos voisins qu'ils vous dépannent d'un œuf ou d'une bouteille de lait ?

Mangeur de temps n° 5 : les embouteillages

Combien de temps passons-nous dans les embouteillages ? Une évaluation[13] de la circulation mondiale dans 38 pays révèle qu'avec une moyenne de 23 heures par an passées dans les bouchons (65 heures en moyenne pour les automobilistes parisiens), la France se classe 25e. Los Angeles se classe au 1er rang avec 104 heures, devant Moscou. En fonction de sa région d'attache et de son lieu de travail (car ce sont souvent les trajets domicile-bureau qui pèchent), les embouteillages peuvent représenter un gros mangeur de temps.

Je passe à l'action

- **Astuce :** dans la mesure du possible, déplacez-vous à pied, à vélo ou utilisez les transports en commun, que ce soit pour vous rendre au travail, pour amener les enfants aux activités extrascolaires ou encore pour aller faire une course.
- **Des mots qui motivent :** « *Les embouteillages, c'est pratique : ça fait une bonne excuse pour arriver en retard* », Michèle Bernier.
- **Du tac au tac :** s'organiser différemment pour éviter les horaires de pointe sur les routes ? Du bon sens difficile à mettre en pratique, surtout lorsqu'on a des enfants (horaires de travail réglés sur les horaires scolaires). En revanche, le télétravail peut jouer

un rôle favorable pour récupérer un peu de votre temps. Selon votre emploi, vous pouvez par exemple proposer à votre hiérarchie de travailler un ou deux jours par semaine depuis votre domicile. Une mesure facilitée et socialement plus acceptée depuis la vague massive de télétravail.

- **C'est pour demain :** il s'agit de mesures assez radicales, mais qui deviennent une nécessité pour des travailleurs acculés chaque jour par de lourds embouteillages : vivre plus près de son lieu de travail ou changer de travail. Une véritable démarche personnelle pour sortir la tête de l'eau et améliorer sa qualité de vie au quotidien.
- **Rituel :** mettez à profit ces temps d'arrêt. Il ne s'agit pas là de chercher à maximiser votre temps (toujours le mettre au service de quelque chose), mais bien de veiller à renforcer votre bien-être. Vous pouvez par exemple écouter des podcasts, un livre audio ou encore des cours pour apprendre une nouvelle langue.

- **Ma nouvelle bonne résolution pour réduire les risques de me retrouver dans un embouteillage :**

....

....

....

- **Défi :** rester zen dans un embouteillage, ce n'est pas une mince affaire ! Pour y parvenir, misez sur le pouvoir du moment présent (en référence au fameux livre d'Eckhart Tolle, *Le Pouvoir du moment présent*). Reliez-vous à votre souffle en prenant soin de bien poser votre respiration. Tranquillement, inspirez… puis expirez… Focalisez toute votre attention sur l'instant plutôt que d'essayer de vous échapper ailleurs, que ce soit en craignant d'arriver en retard au travail ou en pensant à vos prochaines vacances. Être à l'arrêt vous permet d'observer votre souffle mais aussi vos sensations physiques et le paysage urbain qui vous entoure, ainsi que les autres automobilistes… Vous êtes tout simplement là, ici et maintenant, conscient(e) de votre présence au monde.

Mangeur de temps n° 6 : l'entretien et la réparation des appareils domestiques

Voiture, lave-linge, télévision, lave-vaisselle… L'entretien et la réparation de toutes les machines qui, pour la plupart, nous rendent bien service au quotidien (et nous font gagner du temps !) peuvent s'avérer être des activités chronophages. Quand la tendance s'inverse et que ce qui est censé nous faire gagner du temps, nous en fait perdre, c'est le moment d'agir !

Je passe à l'action

- **Astuce :** le minimalisme est une clé pour gagner du temps en matière d'entretien et de réparation d'objets divers. C'est une équation *a priori* logique : moins d'appareils = moins de temps passé à gérer leur entretien. Par ailleurs, dans le choix de vos appareils, essayez de privilégier la qualité et la facilité de réparation (de nombreux appareils sont conçus sans disponibilité de pièces détachées en cas de réparation…).
- **Des mots qui motivent :** *« Le meilleur temps pour réparer sa toiture, c'est lorsque le soleil brille »*, John Fitzgerald Kennedy.

- **Du tac au tac :** il est bon d'avoir une réflexion globale à propos des objets en panne. Certes, les jeter peut sembler être un gain de temps, mais qui dit jeter dit souvent racheter. Or, un nouvel achat implique de passer du temps à gagner puis rassembler l'argent nécessaire et aussi du temps à chercher un remplaçant (même en commandant en ligne, cela nécessite un temps de recherche et de comparaison des prix/modèles).
- **C'est pour demain :** en matière d'appareils domestiques, il est bon de privilégier l'économie circulaire. Le principe ? Éviter de jeter (donc de produire des déchets et aussi limiter les émissions de gaz à effet de serre inhérents à la production d'un nouvel objet et à son acheminement) en essayant de prolonger la vie de ses objets. Il existe différents réseaux d'acteurs de la réparation dont font partie des artisans engagés (le label Répar'acteurs par exemple en France). Ce sont aussi des entreprises sociales et circulaires qui récupèrent des objets divers pour les réparer et les proposer gratuitement ou à prix préférentiel au sein de commerces dédiés. Une action qui permet de s'inscrire dans une démarche de

développement durable. Et si vous décidez de vraiment jeter un objet, veillez à son recyclage (organisation du traitement et recyclage par les communes).

- **Rituel :** prenez soin de vos divers appareils. Une activité chronophage ? Certes, mais sûrement moins qu'une réparation… Et puis prendre soin de ses objets fait partie d'un état d'esprit, d'un mode de vie visant à donner de la valeur à ce que l'on a et à ce qui nous est bien pratique au quotidien. Sans pour autant se mettre au service de ses objets, car c'est bien eux qui sont censés nous être utiles !

- **Ma nouvelle bonne résolution pour l'entretien et la réparation de mes objets du quotidien :**

…………………………………………………………………

…………………………………………………………………

…………………………………………………………………

- **Défi :** et si vous essayiez de réparer vous-même vos appareils ? L'occasion de mobiliser de nouvelles capacités ! Pour vous assister, vous pouvez si besoin faire appel à des spécialistes de pièces détachées ou participer à des ateliers. Une affaire de patience, de recherche, parfois de minutie, qui pourra aboutir à la gratification d'avoir vous-même réparé un de vos appareils !

Mangeur de temps n° 7 : la conduite des enfants à leurs rendez-vous et activités extrascolaires

Gérer les mangeurs de temps, ce peut être chercher à les neutraliser, tout bonnement, mais aussi à les transformer pour qu'ils soient plus agréables, plus constructifs et ne soient plus jugés comme des voleurs de minutes. Une démarche intéressante, notamment pour faire face à des obligations, des nécessités de déplacements que peut être la conduite des enfants à un rendez-vous médical ou à des activités extrascolaires (cours de musique ou de sport par exemple).

Je passe à l'action

- **Astuce :** pour éviter de vous sentir dans l'urgence, affinez votre organisation. Par exemple, préparez le dîner la veille pour accompagner votre enfant à son entraînement sportif de fin de journée avec plus de sérénité.

- **Des mots qui motivent :** *« À la maîtrise, l'enfant substitue le miracle »*, André Malraux.
- **Du tac au tac :** parmi tous les déplacements que vous effectuez pour vos enfants, faites le point sur ceux qui sont obligatoires, les essentiels et les superflus. Fort(e) de ce constat, n'hésitez pas à faire le tri et à vous dégager du temps, à vous et à vos enfants.
- **C'est pour demain :** pour transformer ce mangeur de temps en moment agréable en famille, amusez-vous en route tout en essayant de gagner du temps sur les prochaines tâches à venir. Par exemple en réfléchissant au menu du soir, en révisant la leçon du lendemain, ou encore en répétant les verbes irréguliers, les tables de multiplications, etc.
- **Rituel :** instaurez un nouveau rituel dans vos déplacements avec et pour vos enfants. Vous pouvez par exemple, dans la mesure du possible, vous rendre ensemble à vélo à tel rendez-vous hebdomadaire.

- **Ma nouvelle bonne résolution pour gagner du temps dans la conduite des enfants aux rendez-vous :**

....

....

....

- **Défi : sélectionner** : un maître mot à bien des égards, qui est particulièrement adapté quand il s'agit de parler des activités extrascolaires de nos enfants. Violon (qui s'accompagne souvent du solfège !), tennis, anglais, karaté... Leur temps libre se réduit comme peau de chagrin, en même temps que celui des parents, qui doivent les accompagner à tous ces rendez-vous. Invitez ainsi votre enfant à choisir les activités extrascolaires qui sont vraiment importantes pour lui. Tout le monde y trouvera son compte !

Mangeur de temps n° 8 : le ménage, les courses, la cuisine

Les tâches domestiques représentent en moyenne 2 h 07 par jour[14]. Les activités comprises dans ce temps quotidien (désignées par l'enquête) sont : cuisine, vaisselle, rangement, soins matériels aux enfants et personnes dépendantes, linge, gestion du ménage. Les Français consacrent en moyenne 217 heures par an à la cuisine, 199 heures au ménage et 129 heures aux courses. Et vous, combien de temps consacrez-vous aux tâches ménagères ?

Je passe à l'action

- **Astuce :** plutôt que de vous affairer à un ménage complet hebdomadaire qui demande de bloquer un large créneau horaire, consacrez-vous un jour à une pièce, le jour suivant à une autre. Cela vous permettra d'alléger cette tâche domestique et ainsi de lutter contre la procrastination (autre mangeur de temps), qui vise à remettre à plus tard un grand ménage coûteux en minutes et en énergie.
- **Des mots qui motivent :** *« Cuisiner suppose une tête légère, un esprit généreux et un cœur large »*, Paul Gauguin.
- **Du tac au tac :** complétez au fur et à mesure votre liste de courses que vous photocopierez si elle est sur papier, ou que vous enregistrerez si vous avez l'habitude de commander en

ligne (*drive*). Puisque nous achetons globalement toujours les mêmes produits, vous pourrez économiser un peu de temps en évitant d'avoir sans cesse à reproduire cette liste et à réfléchir à ne rien oublier.

- **C'est pour demain :** et si vous déléguiez un peu plus ? Le partage des tâches fait partie des débats, plus ou moins houleux, au sein des ménages. Il peut être intéressant d'aborder le sujet de façon ludique en préparant un tableau répartissant les tâches des uns et des autres pour que chacun participe, à sa mesure (adultes et enfants), au bon fonctionnement de la maisonnée.
- **Rituel :** en matière de partage, pourquoi ne pas accomplir quelques tâches à plusieurs afin de vivre un bon moment ensemble ? C'est décidé, un soir par semaine (ou plus !), on cuisine en famille !

- **Ma nouvelle bonne résolution pour m'alléger en tâches domestiques :**

....

....

....

- **Défi :** juste avant de faire vos courses, anticipez les repas de la semaine. Cela vous permettra d'avoir tous les ingrédients dont vous avez besoin sous la main (en vous épargnant d'aller chercher des œufs en urgence) et vous libérera l'esprit. Plus besoin de se demander chaque jour : « Qu'est-ce qu'on mange ce soir ? » et de se creuser la tête. Il n'y a plus qu'à se mettre aux fourneaux ! Vous retrouverez ainsi le plaisir de passer directement en cuisine, sans perdre de temps à vous interroger sur le menu.
  Choisissez des plats simples et gourmands, avec peu d'ingrédients si possible. Pensez aussi aux plats qui peuvent constituer plusieurs repas, à l'image des tartes et gratins. N'hésitez pas à vous inspirer de recettes existantes : de très bons et très simples livres de cuisine existent sur le marché.

Mangeur de temps n° 9 : une forme de « devoir » de disponibilité

L'arrivée du téléphone portable a joué un rôle considérable dans le rôle de ce mangeur de temps. Cet objet toujours à portée de main, et rarement éteint ou en silencieux, fait que nous sommes en permanence joignables. Certes, cela a des avantages, mais aussi des inconvénients. Le fait d'être toujours joignable est effectif sur le plan personnel, mais aussi au niveau professionnel. Il en va de même avec la politique de la porte ouverte qui permet aux collègues et collaborateurs d'entrer dans votre bureau pour bavarder. Sauf que, malgré les apparences – téléphone allumé, porte ouverte –, nous ne sommes pas toujours disponibles…

Je passe à l'action

- **Astuce :** faites valoir votre droit à la déconnexion au sein de votre sphère professionnelle. Il s'agit tout simplement de ne pas être tenu d'être joignable par son employeur pour des motifs professionnels en dehors des heures de travail. En France, instauré par la loi dite « loi travail » du 8 août 2016, le droit à la déconnexion est en vigueur depuis le 1er janvier 2017. Il est détaillé dans l'article L. 2242-17 du Code du travail.
- **Des mots qui motivent :** « *La nature aime à se cacher* », Héraclite d'Éphèse.

- **Du tac au tac :** en ne répondant plus systématiquement à ce « devoir » de disponibilité, peut-être vivrez-vous une culpabilité naissante. Pour gérer cette émotion désagréable, concentrez-vous pleinement sur les bénéfices que ce changement vous apporte personnellement, que ce soit en termes de gain de temps, de concentration, de bien-être, de tranquillité, de liberté et autres.
- **C'est pour demain :** communiquez auprès de votre entourage sur vos attentes en matière de disponibilité. Vous pouvez par exemple proposer une rapide réunion matinale quotidienne au travail pour éviter les interruptions intempestives dans votre bureau. Vous pouvez aussi informer vos proches du fait que votre téléphone sera désormais plus souvent en silencieux. Vous pouvez les inciter à vous laisser un message que vous consulterez dès que possible. Cette démarche de respect de votre temps, de bienveillance envers vous-même, de respirations pourra, mine de rien, inspirer bien des gens autour de vous.
- **Rituel :** osez fermer la porte de votre bureau ou mettre un casque sur vos oreilles pour

montrer que vous n'êtes pas disponible durant des créneaux définis dans la journée. Cela vous permettra de gagner du temps en étant pleinement concentré(e) sur une tâche en cours, et cela préservera votre tranquillité.

- **Ma nouvelle bonne résolution pour pallier ce « devoir » de disponibilité :**

....

....

....

- **Défi :** et si vous disparaissiez durant une heure ? Bien sûr, en prévenant vos proches et collègues si nécessaire (le but n'est pas d'inquiéter votre entourage). Allez faire votre jogging ou encore une promenade dans un parc à la pause-déjeuner sans votre téléphone portable. Vous êtes pleinement disponible à vous-même !

Mangeur de temps n° 10 : les interruptions par les enfants

Il s'agit d'un mangeur de temps à définir correctement pour en comprendre les tenants et les aboutissants. Car, parfois, les instants que l'on appelle « interruptions par les enfants » sont des moments essentiels à passer avec eux et des signaux qui nous alertent sur le fait que nous travaillons trop. Il est ainsi essentiel de faire la part des choses. Il y a là deux étages à gravir : le premier réside dans l'acceptation d'être interrompu(e) régulièrement par ses enfants (fait inhérent à leur présence et à leurs besoins), le second concerne la réduction possible de certaines de ces interruptions tant pour l'autonomie et le développement personnel de l'enfant que pour préserver votre temps.

Je passe à l'action

- **Astuce :** anticipez la qualité d'un moment de concentration en prévenant vos enfants de ne pas vous déranger pendant un temps défini, quitte à ajouter une garantie de préservation de ce temps en tenant votre compagne ou votre compagnon informé(e).
- **Des mots qui motivent :** « *Une vie tranquille et dirigée par la sagesse demeure inébranlable et conserve les familles* », Euripide.
- **Du tac au tac :** privilégiez les activités qui demandent de la concentration ou de la tranquillité (que ce soit finir un travail ou

faire une sieste!) durant des moments où vous savez que vous serez moins (voire pas) dérangé(e) par vos enfants. Par exemple, lorsqu'ils commencent un jeu ou qu'ils regardent un dessin animé.

- **C'est pour demain:** renforcez l'autonomie en proposant régulièrement à l'enfant de s'interroger lui-même sur ses actions. Par exemple, invitez-le à se demander ce qu'il pense de son dessin plutôt que de le montrer systématiquement en attendant un retour parental, bien qu'il soit aussi intéressant de partager votre avis, mais de façon plus occasionnelle. « Qu'est-ce que, toi, tu en penses ? », « Qu'est-ce que, toi, tu ferais ? ». Peu à peu, lancez des changements profonds et encouragez votre enfant à s'autonomiser. Cela peut aussi passer par le fait de montrer des gestes tels que se servir de l'eau pour favoriser l'apprentissage et ne pas être en permanence « au service » de vos enfants. Un moyen de réduire les interruptions et aussi de leur permettre de construire leur confiance en eux.
- **Rituel:** parfois ce sont les parents qui interrompent leurs enfants dans leurs activités!

Proposez un rituel de bulles de tranquillité pour chacun. Des instants ici et là, avec un temps prédéfini, où chacun reste calme dans son coin et vaque à ses occupations avant de se retrouver avec plaisir.

- **Ma nouvelle bonne résolution pour mieux appréhender les interruptions par mes enfants :**

....

....

....

- **Défi :** affinez votre capacité d'attention et votre sérénité face aux inévitables interruptions de vos enfants. Tel un moine bouddhiste en pleine méditation qui reste immobile quoi qu'il survienne, respirez tranquillement et recentrez-vous autant de fois que nécessaire sur votre tâche. C'est le principe même de la méditation de pleine conscience que de ramener régulièrement le mental sollicité par des pensées à son objet de concentration, par exemple au souffle. Un autre défi donc que de vous initier à cette discipline profondément enrichissante !

Mangeur de temps n° 11 : les démarches administratives diverses

Impôts, banques, assurances, automobile, factures à payer, école, immobilier… Les démarches administratives empiètent sur notre précieux temps tout en nous laissant la sensation d'actions peu ou pas constructives et d'obligations peu intéressantes à gérer. Et en général, moins c'est plaisant, plus on repousse l'échéance. Ainsi, en plus de perdre notre temps à remplir certains papiers, on en perd aussi à procrastiner, à repousser à plus tard telle ou telle démarche administrative… Alors comment s'y prendre pour neutraliser ce mangeur de temps ?

Je passe à l'action

- **Astuce :** évitez absolument d'accumuler les démarches administratives en attente. La tâche vous paraîtra d'autant plus compliquée et mangeuse de temps, et votre niveau de stress n'en sera qu'accentué. Une chose après l'autre.
- **Des mots qui motivent :** « *Pourquoi faire simple quand on peut faire compliqué…* », Jacques Rouxel.

- **Du tac au tac :** cela fait quelque temps que vous repoussez la date d'envoi d'un document justificatif ou encore d'un dossier important ? Faites-le maintenant ! Ni une ni deux, concentrez-vous sur cette tâche administrative et pensez au soulagement que vous ressentirez ensuite, après vous en être débarrassé(e). Prenez l'habitude de ne pas chercher à tergiverser dès lors qu'une telle obligation se présente. Nulle négociation intérieure possible, vous passez immédiatement à l'action.
- **C'est pour demain :** qu'est-ce qui est obligatoire et qu'est-ce qui ne l'est pas ? Parfois, on se perd dans les papiers ! Un petit tri s'impose alors pour faire le point, par exemple sur les contrats qui vous semblent nécessaires et ceux qui ne le sont pas. L'occasion peut-être de modifier des contrats d'assurance, de condenser des comptes bancaires, de vendre un véhicule, etc. En accord avec ses valeurs et besoins, l'objectif est de s'alléger l'existence.
- **Rituel :** bon, il est vrai qu'on ne peut pas couper à certaines démarches administratives. Dès lors, une bonne organisation est nécessaire pour ne pas se laisser envahir.

Les impôts, par exemple, arrivent au même moment chaque année. Vous pouvez ainsi anticiper cet instant et prévoir un créneau pour les compléter en toute sérénité. Si vous en avez la possibilité, misez sur les documents à remplir en ligne et sur la visioconférence pour gagner du temps, par exemple en prenant rendez-vous avec votre banquier pour la gestion de vos comptes. Utilisez aussi les automatisations possibles (prélèvements bancaires mensuels, par exemple). Temps gagné et charge mentale allégée !

- **Ma nouvelle bonne résolution pour réduire le temps passé sur les démarches administratives :**

....

....

....

- **Défi :** prendre plaisir à gérer des démarches administratives, en voilà un défi ! La prochaine fois que vous avez un document à compléter et à renvoyer par courrier, par exemple pour l'école de vos enfants, veillez à vous mettre dans de bonnes conditions. Il ne s'agit plus d'une tâche à expédier mais d'un moment de pause durant lequel vous vous concentrez (notamment pour ne pas perdre de temps plus tard à revenir sur ce document mal complété...). Assurez-vous ainsi de ne pas être dérangé(e) et, pour vous mettre dans de bonnes conditions, préparez-vous une boisson chaude et/ou installez-vous confortablement, dans le calme.

Mangeur de temps n° 12 : les visites imprévues

Dans nos emplois du temps bien ficelés, la place laissée aux imprévus est bien mince, voire inexistante. Qu'ils soient agréables – une visite à l'improviste d'un ami pour prendre un café – ou qu'on cherche à les éviter – un client débarquant à l'improviste au bureau –, ils existent bien et, plutôt que d'être sous leur coupe, autant les apprivoiser.

Je passe à l'action

- **Astuce :** se laisser toujours un temps d'avance. Plutôt que de ficeler votre emploi du temps à la minute près, aménagez-vous de brefs créneaux de flexibilité. En fonction du contexte, ceux-ci pourront être dédiés à un moment pour souffler et vous ressourcer, pour vous concentrer sur un projet personnel ou encore pour pallier les visites imprévues.

- **Des mots qui motivent :** *« Voir loin, parler franc, agir ferme »*, Pierre de Coubertin.
- **Du tac au tac :** lorsque vous souhaitez absolument éviter les visites imprévues, même si, par définition, vous ne pouvez pas les prévoir, anticipez le problème en prévenant au mieux votre entourage. Par exemple, au travail, assurez-vous de ne pas être dérangé(e) par des clients pendant un créneau donné en informant vos collègues.
- **C'est pour demain :** dans le cadre personnel, les visites imprévues peuvent, à l'inverse, être de jolis moments de partage trop peu fréquents. Et si à votre tour vous passiez à l'improviste chez un proche ? Souplesse et flexibilité sont bien souvent sources de légèreté et bousculent le cadre parfois rigide de nos journées. Il ne s'agit alors plus là de perte de temps mais bien de temps de détente à savourer ensemble.

- **Rituel :** pour écourter les visites imprévues jugées comme des interruptions mangeuses de temps, prenez l'habitude de poser des limites, un cadre, pour que la personne qui s'adresse à vous aille droit au but. Pour cela, dès le premier échange, précisez le temps que vous pouvez lui consacrer. Par exemple : « Entre, j'ai seulement 5 minutes. » Il ne s'agit pas d'un manque de respect, ni de devenir sauvage en protégeant excessivement votre temps, mais bien de prévenir d'un temps de qualité mis à disposition de cette personne.

- **Ma nouvelle bonne résolution pour appréhender différemment les visites imprévues :**

....

....

....

- **Défi :** et si vous misiez sur le langage non verbal ? Moins directs mais tout aussi efficaces, les signes non verbaux (posture, geste, expression du visage) permettent également de gérer les visites imprévues. Il est par exemple intéressant de vous lever lorsque la personne entre dans la pièce, de vous en approcher pour montrer votre considération, puis de retourner vous asseoir tout en concluant le sujet abordé. Une autre forme de communication pour signifier à autrui votre écoute attentive, mais en un temps donné pour vous permettre de poursuivre vos tâches et activités en cours.

Mangeur de temps n° 13 : la surconsommation

Face à nos modes de vie consuméristes et leurs impacts sur notre bien-être et sur la planète, il est temps de revoir la copie. Acheter rend-il vraiment heureux ? Les achats apportent un plaisir premier qui vient souvent combler un vide ou une émotion que l'on n'a pas pris le temps d'identifier ni de comprendre. Sur le moment, on se fait du bien, mais ce n'est pas un plaisir qui dure… La surconsommation, notamment dans le milieu textile[15], entraîne des dégâts environnementaux ; par ailleurs, accumuler les biens matériels n'est pas forcément un gage de bonheur, et cela grignote notre temps – achat, entretien, tri, etc. – et notre argent (que l'on met du temps à gagner…). C'est le moment d'agir !

Je passe à l'action

- **Astuce :** voici une question, qui peut prendre plusieurs formes, à garder en tête à chaque achat : « En ai-je vraiment besoin ? Est-ce vraiment utile ? Est-ce un achat nécessaire ? Puis-je remplacer l'achat par quelque chose que je possède déjà ? »
- **Des mots qui motivent :** *« Ne rien convoiter, c'est épargner ; ne rien acheter, c'est s'enrichir »*, Cicéron.
- **Du tac au tac :** avant de retourner faire les courses, utilisez ce que vous avez dans votre réfrigérateur, notamment pour éviter de jeter des produits périmés que vous auriez oubliés derrière une montagne d'autres denrées. D'où l'importance de faire régulièrement le ménage dans votre frigo. Je vous conseille de mettre les produits à consommer en premier (avec DLC approchant ceux qui atteindront leur date limite de consommation plus rapidement) en avant et même de tenir à jour un tableau sur le réfrigérateur indiquant ce qui est à manger en priorité.

- **C'est pour demain :** faire l'état des lieux de vos possessions, ranger et trier. La case dressing vient sans doute ici en premier lieu. Faites le point sur votre garde-robe avant de l'agrandir encore et encore. Vous découvrirez peut-être de jolies pièces délaissées au fond de votre placard et vous pourrez en mettre d'autres en vente sur des applications dédiées à la vente d'occasion. Vous pouvez aussi faire le tri dans les jouets de vos enfants en leur proposant de mettre de côté ceux qu'ils n'utilisent plus pour préparer un carton de dons. Plus largement, faites un tour de votre maison sans oublier la cave et/ou le garage, souvent lieux d'accumulation… Une idée peut être de vous inscrire en ligne à un défi collectif qui vous guidera dans le tri de votre garde-robe ou de votre maison. Et trier ne signifie pas pour autant racheter juste après ! C'est une action visant à s'alléger, peut-être à prendre conscience de sa surconsommation (d'autant plus que trier prend du temps), et enfin à remettre au goût du jour des objets oubliés en leur donnant une seconde vie.
- **Rituel :** un objet acheté, un objet trié ! Bon, ce n'est pas valable pour tous les achats

(le but n'est pas de remplacer un paquet de pâtes par un autre...), mais par exemple, lorsque vous estimez avoir besoin d'une paire de baskets, débarrassez-vous des anciennes sans tarder. Cela vous permettra de vous rendre compte du réel besoin de renouveler votre paire de chaussures (sont-elles vraiment si usées qu'il vous faut les jeter ?) et, si tel est bien le cas, de ne pas accumuler d'objets inutiles (par ailleurs grignoteurs de minutes lorsqu'il s'agit de faire un grand tri).

- **Ma nouvelle bonne résolution pour consommer moins et mieux :**

....

....

....

- **Défi :** et si vous laissiez votre carte bancaire bien au chaud dans votre porte-monnaie pendant une semaine ? Un grand défi ! Anticipez ce challenge en faisant le nécessaire au préalable – par exemple en allant faire vos courses en amont ou encore en faisant le plein d'essence nécessaire pour vous rendre au travail – puis oubliez tout moyen de paiement pendant ces quelques jours. Observez-vous dans ces moments : peut-être allez-vous remarquer un manque et peut-être au bout de quelque temps comme un soulagement ; peut-être encore allez-vous vous épater en faisant preuve de créativité au lieu de sortir par réflexe votre carte bancaire (par exemple en réparant une boutonnière plutôt que d'aller instantanément acheter une nouvelle veste). Notez tous les effets de ce défi de taille !

Mangeur de temps n° 14 : les appels téléphoniques imprévus ou inutilement longs

Ce mangeur de temps vaut tant dans la vie personnelle que professionnelle. Il s'agit là de trouver l'équilibre pour ne pas vexer autrui, tout en respectant son propre espace, son propre temps.

Je passe à l'action

- **Astuce :** face aux appels téléphoniques imprévus, veillez à bien cadrer les choses. Est-ce que cela semble être une urgence ? Pour en être sûr(e), attendez que la personne laisse un message en précisant l'objet de son appel. Ai-je le temps pour cet échange ?

- **Des mots qui motivent :** *« Parler beaucoup est une chose, parler à bon escient en est une autre »*, Sophocle.
- **Du tac au tac :** plutôt que de chercher la parade (« Je dois te laisser car il faut que j'égoutte les pâtes » ou encore « Je passe sous un tunnel »), travaillez sur une communication plus franche mais toujours respectueuse. Cela peut passer par dire concrètement ce que vous ressentez dans l'instant présent : « Il faut vraiment que je te laisse car j'ai eu une journée bien chargée et j'aimerais beaucoup avoir le temps de m'offrir un bon bain. »
- **C'est pour demain :** certaines applications pratiques vous permettent de suivre le temps passé sur votre téléphone en fonction de vos actions (appels, réseaux sociaux et autres). En prenant conscience de votre consommation, vous pourrez être d'autant plus confiant(e) dans la gestion des appels imprévus et inutilement longs.
- **Rituel :** pour prévenir un appel inutilement long (sachant que certains profils d'appelants sont bien connus en la matière !), anticipez

le problème et la perte de temps en informant (tout comme pour le mangeur de temps « Les visites imprévues », page 61) votre interlocuteur que vous n'avez que tant de temps à lui consacrer. Ensuite, soyez ferme pour mettre fin à la conversation en temps et en heure.

- **Ma nouvelle bonne résolution pour gérer les appels téléphoniques imprévus :**

....

....

....

- **Défi :** je ne réponds pas. Oui, cela peut être un défi pour certains qui se sentent obligés de répondre à tout appel qui leur est destiné. Respectez votre temps (et vos envies) et, si vous êtes pris(e) par ailleurs ou que tout simplement vous n'avez pas la tête à discuter pendant des heures au téléphone, ne répondez pas. Cela vous crée un cas de conscience ? Recentrez-vous sur vos priorités.

Mangeur de temps n° 15 : les réunions non préparées, trop fréquentes ou trop longues

Nombreuses sont les réunions durant lesquelles les bâillements plus ou moins discrets se succèdent... Oui, mais comment redynamiser les réunions professionnelles, qui ont aussi leur importance lorsqu'elles sont bien menées ? En route vers de nouveaux codes !

Je passe à l'action

- **Astuce :** évoquez clairement le sujet à votre hiérarchie et/ou à vos collaborateurs afin de recueillir leur opinion et de trouver un compromis pour des réunions plus rares, concises et constructives. Pour ce faire, chaque employé peut par exemple glisser un petit mot anonyme dans une boîte à idées.
- **Des mots qui motivent :** « *Il est tellement actif qu'il tient pour temps perdu ses nuits sans rêves* », André Birabeau.
- **Du tac au tac :** lorsque vous en avez la possibilité, évitez une réunion de plus en demandant qu'on vous fasse une synthèse de ce qui va être dit.

- **C'est pour demain :** de nombreux outils et applications peuvent vous permettre de rendre les réunions plus interactives. Vous pouvez par exemple proposer des brainstormings, quiz et autres pour solliciter les participants, et générer des ressources constructives. Des plates-formes ludiques proposent différents moyens de rendre ces moments d'échanges plus frais et agréables.
- **Rituel :** en fonction de votre entreprise et des besoins des différents salariés, la fréquence des réunions peut être considérablement réduite. Il s'agit là d'une étude au cas par cas qui peut conduire par exemple à mettre sur pied une réunion générale par semaine et de simples briefings par petits groupes chaque matin pour se mettre rapidement au clair sur les objectifs de la journée. À chacun de trouver la formule idéale, de la soumettre à sa hiérarchie et de la mettre en pratique !

- **Ma nouvelle bonne résolution pour ne plus perdre mon temps avec les réunions :**

....

....

....

- **Défi :** c'est à vous d'organiser la prochaine réunion ? Trois mots clés peuvent vous aider.
  1. **Préparation** : sans pour autant y passer plus de temps qu'il n'en faut (le but n'est pas de vous grignoter des minutes par ailleurs), veillez à écrire clairement les grandes lignes de ce dont vous souhaitez discuter.
  2. **Créativité** : pourquoi ne pas exceptionnellement faire une réunion en extérieur ?
  3. **Surprise** : rien de tel pour tenir en haleine une assemblée. Proposez par exemple en fin de réunion une minute d'écoute de sa respiration.

Mangeur de temps n° 16 : les publicités omniprésentes captant notre attention

L'omniprésence de la publicité dans notre quotidien n'a pas faibli avec les années. Désormais, on retrouve des publicités sur Internet (sites, réseaux sociaux, etc.) mais aussi au cinéma ou encore à la station-service. Rendez-vous compte, malgré nous, nous observons près de 1 200 publicités par jour[16] ! Alors, comment faire face à ce phénomène ? Voici votre feuille de route pour faire la chasse à ce mangeur de temps particulièrement insidieux.

Je passe à l'action

- **Astuce :** pour bloquer certaines publicités sur Internet, vous pouvez configurer votre navigateur web et/ou télécharger des extensions dédiées. Un véritable confort pour effectuer vos recherches, travailler ou vous divertir sans être parasité(e).
- **Des mots qui motivent :** *« Plus d'une chose insignifiante a pris de l'ampleur grâce à une bonne publicité »*, Mark Twain.
- **Du tac au tac :** lorsque vous écoutez la radio, dès que l'animateur annonce une page de publicité, coupez le son ! Même principe pour la télévision : n'hésitez pas à couper le son durant les publicités qui interrompent votre émission et à aller faire un petit tour, histoire de déconnecter du son et de l'image !
- **C'est pour demain :** vous recevez des tonnes de publicités dans votre boîte aux lettres qu'il faut ensuite trier, sans compter le fait que celles-ci génèrent des envies d'achat non essentiels et aussi grignoteuses de temps ? Collez un autocollant « Stop pub ». Un geste simple qui change la vie !

- **Rituel :** certaines publicités peuvent être informatives et amener à un achat nécessaire et bien pratique. Toutes ne sont donc pas des mangeuses de temps, mais il n'est pas pour autant évident de faire le tri entre les plus utiles et les plus délirantes. Un constat cependant : en fonction des programmes radio ou TV que l'on suit, les publicités seront plus ciblées (plus « intéressantes ») et moins abondantes. Ainsi, certaines chaînes TV diffusent bien moins de publicités que d'autres, et il peut être bon d'affiner ses programmes.

- **Ma nouvelle bonne résolution pour être moins obnubilé(e) par les publicités :**

....

....

....

- **Défi :** un jour sans publicité, ou presque ! Une vigilance accrue est nécessaire dans la préparation de ce défi, car les publicités peuvent surgir de nulle part. Il s'agit là de jouer les ermites pour profiter d'une journée sans sollicitations de ce genre, sans être parasité(e) par des images ou des slogans qui vous restent en tête… Pour cela, mettez toutes les chances de votre côté en évitant tout écran et privilégiez les livres, jeux de société, ateliers créatifs et culinaires… Certes, en préparant un plat de pâtes, la marque de vos spaghettis pourra vous faire penser à une publicité mais un simple écho est déjà mieux qu'un spot de plusieurs secondes ! Évitez aussi les trajets en voiture avec les panneaux publicitaires à chaque coin de rue. Une journée d'ermite, c'est bien le minimum face à un phénomène de cette ampleur. Comment vous sentez-vous après ce jour sans publicité ? Une expérience à renouveler pour de véritables espaces et temps de liberté.

Les mangeurs de temps internes

Mangeur de temps n° 17 : l'indécision ou les décisions trop rapides

Choix du quotidien (que vais-je choisir à la cafétéria ce midi ?) ou choix de vie (vais-je accepter cette promotion ?), les décisions peuvent vite devenir un vrai casse-tête.

Je passe à l'action

- **Astuce :** la technique du pour et du contre est bien pratique pour faire la part des choses. Prenez un papier et un stylo, et notez tout ce qui est en faveur de tel choix et par ailleurs tout ce qu'il peut impliquer de négatif. Une méthode rationnelle pour faire le point noir sur blanc, libérer son esprit et y voir plus clair.
- **Des mots qui motivent :** *« Le seul mauvais choix est l'absence de choix »*, Amélie Nothomb.
- **Du tac au tac :** interrogez-vous et affinez votre connaissance de vous-même : d'ordinaire, lorsque vous devez trancher, faites-vous plutôt appel à votre instinct ou à votre mental ? Les choix ne dépendent parfois pas que de nous et méritent du recul et de l'empathie pour ne pas juste prendre en compte ses propres considérations. Demandez-vous aussi si vous avez plutôt tendance à choisir pour vous ou pour les autres ?
- **C'est pour demain :** vous avez tendance à l'indécision ? Prenez juste conscience du fait que rester dans cette posture est source

de perte de temps, de frustration ou encore de manque de confiance en soi. Un constat important pour se motiver à agir ! Au contraire, vous avez tendance à vous précipiter dans vos choix et vous vous en mordez souvent les doigts ? Désormais, offrez-vous un temps d'écoute de vous-même avant de vous décider. On vous demande un service ? Indiquez que vous allez y réfléchir avant de vous prononcer.

- **Rituel :** lorsque vous avez un choix à faire, mettez-vous à l'écoute de votre ressenti. Que vous dit votre cœur, vraiment ? Prenez un temps pour fermer les yeux et vous recentrer pleinement dans le calme. Reliez-vous à votre respiration. Puis, évoquez mentalement la décision que vous avez à prendre. Imaginez-vous dans les différentes options autour de ce choix (dire oui ou non, aller dans telle ou telle direction) en vous projetant dans sa réalisation. Que ressentez-vous dans chacun des scénarios envisagés ? Après cet exercice de visualisation, vos émotions pourront vous guider dans votre choix.

• **Ma nouvelle bonne résolution en matière de décision :**

....

....

....

• **Défi :** vous craignez de ne pas faire les bons choix ? Commencez par renforcer votre connaissance de vous-même, par exemple en analysant vos précédentes décisions, en faisant le point sur ce qui vous correspondait plus ou moins ; prenez confiance en listant plusieurs choix cohérents (à plus ou moins grand impact dans votre vie) qui vous ont apporté un sentiment de bien-être. Puis, dès que vous avez un choix important à faire, placez-vous face à chaque décision avec le sentiment de l'amour plutôt qu'avec celui de la peur. Que vous alliez vers un « oui » ou vers un « non », laissez-vous porter par l'énergie de l'amour, bien plus forte que les craintes souvent paralysantes et floutant le paysage des possibles.

Mangeur de temps n° 18 : les conflits non résolus

Dans la vie personnelle, notamment dans la vie de couple, ou dans la vie professionnelle, notamment avec ses plus proches collègues, les conflits non résolus peuvent devenir de véritables mangeurs de temps. Pourquoi ? Parce que d'une part leur non-résolution est source de ruminations, et que, d'autre part, certaines situations stagnent et ainsi ne permettent pas d'avancer, autrement dit de régler certains points pour évoluer.

Je passe à l'action

- **Astuce :** les non-dits jouent un grand rôle dans les conflits plus ou moins latents. Veillez à transmettre au mieux vos idées et opinions en vous concentrant uniquement sur des faits, des comportements, sans remettre en question votre interlocuteur dans ce qu'il est. Utilisez par exemple le « je » plutôt que le « tu » plus injonctif (« Je trouve que cette tâche pourrait être partagée », « J'ai le sentiment que cette attitude n'est pas constructive », etc.). Osez plus de transparence.

- **Des mots qui motivent:** *« Toute forme d'art est une tentative pour rationaliser un conflit d'émotions dans l'esprit de l'artiste »*, Robert Graves.
- **Du tac au tac:** dans une situation de conflit, valorisez toujours le fait de trouver des intérêts communs.
- **C'est pour demain:** communiquer plus et mieux, voilà une perspective constructive pour demain. Les problèmes de communication représentent le principal axe de conflits non résolus. Les conflits sont inévitables et même souvent constructifs car ils permettent de poser ou de redéfinir des limites, mais aussi de faire émerger des prises de conscience. Le tout est donc d'apprendre à les aborder de façon plus sereine et de ne pas chercher à les ignorer ou à les contourner, au risque de ne pas les régler et de laisser en suspens de la colère, de la frustration ou encore de la culpabilité. La Communication NonViolente®, développée par le psychologue américain Marshall B. Rosenberg, peut être une voie à emprunter. Il écrit: « Quand nous réussissons à entretenir la fluidité de communication – en exprimant

sincèrement ce qui se passe en nous et ce que nous aimerions, ainsi qu'en écoutant les autres et ce qu'ils aimeraient de manière empathique –, j'ai constaté que nous pouvons goûter plus pleinement à la magie de la bienveillance. »

- **Rituel :** dans une phase de conflit ou pour revenir à un conflit non résolu, tentez d'adopter une attitude positive. Pourquoi faudrait-il forcément se crisper lorsque nous ne sommes pas d'accord avec autrui ? Le fait de partir du principe qu'il s'agit d'une occasion d'apprendre (de la situation, des uns et des autres) devrait apporter plus d'ouverture tant au niveau émotionnel que dans le choix des mots. La gestion des émotions fait partie des grands points à travailler pour affronter ce genre de situation avec plus de confiance.

- **Ma nouvelle bonne résolution pour gérer les conflits :**

....

....

....

- **Défi :** bien souvent, le plus grand défi dans une situation de conflit non résolu est d'identifier clairement le problème. Pour cela, il est intéressant d'écouter ses émotions pour comprendre ce qui est véritablement en jeu. Suis-je en colère ? Suis-je déçu(e) ? Suis-je frustré(e) ? Levez le voile sur vos émotions pour vous rapprocher de la véritable problématique, surtout dans des situations de conflits relationnels (pour des conflits plus « pratiques » du type « Untel n'a toujours pas fait telle tâche », le problème à résoudre est souvent plus évident). Il s'agit donc d'identifier le problème puis de l'expliquer. Dès lors, le but n'est pas d'instaurer un monologue mais bien de demander à votre interlocuteur ce qu'il pense. Cela permet d'échanger sur le problème soulevé et de trouver ensemble des solutions pour le résoudre, dans un rapport gagnant-gagnant, sans placer autrui sur le banc des accusés.

Mangeur de temps n° 19 : la perte de la notion du temps

Déjà 14 heures ? On parle de temps objectif (le temps de la montre) et de temps subjectif (le temps perçu personnellement). La perte de la notion du temps peut survenir à différents moments, par exemple lorsqu'on est pleinement concentré sur un travail, et peut être vécue de façon plus ou moins positive. En effet, les moments passés sur les écrans sont propices à ce genre de décrochage du temps et l'on peut parfois (voire souvent !) regretter d'avoir passé tant de minutes en visionnage. En revanche, il peut être bon de perdre la notion du temps pendant le week-end ou en vacances, par exemple.

Je passe à l'action

- **Astuce :** lorsque vous déverrouillez votre téléphone, assurez-vous que c'est pour une mission précise. Dès que celle-ci est effectuée, déposez-le avant de vous faire happer dans les méandres d'Internet et de laisser filer votre temps à vitesse grand V.

- **Des mots qui motivent :** « *Le temps de lire, comme le temps d'aimer, dilate le temps de vivre* », Daniel Pennac.
- **Du tac au tac :** fermez un instant les yeux et ancrez-vous dans l'instant présent en vous reliant à votre respiration. Inspiration… Expiration… Vous existez, ici et maintenant.
- **C'est pour demain :** pour mieux gérer votre temps au bureau, organisez vos journées de travail par séquences. Vous pouvez ainsi définir une séquence de telle heure à telle heure, dédiée à telle tâche, et ainsi de suite. Une façon de mieux cadrer votre temps en vous fixant des objectifs concrets qui seront aussi sources de motivation et éviteront la procrastination.
- **Rituel :** durant vos heures de travail, offrez-vous régulièrement de petites parenthèses pour vous relier à l'extérieur, au réel, ne serait-ce qu'en regardant le ciel par la fenêtre ou la rue en contrebas. Dans nos intérieurs aseptisés, il n'est pas rare de perdre la notion du temps.

- **Ma nouvelle bonne résolution dans ma relation au temps :**

....

....

....

- **Défi :** à la pause-déjeuner, invitez-vous à passer un moment dehors en pleine nature, peut-être dans un parc proche. Sortir ! En voilà un défi, quand on passe la plus grande partie de ses journées en intérieur. Se mettre au vert permet de se relier à la nature, à la lumière naturelle, de sentir l'air sur son visage, en bref d'activer pleinement les sens qui nous permettent de nous sentir vivants et de nous ancrer dans l'instant. Dans la nature, on peut avoir la perception d'un temps ralenti… De quoi laisser rêveur dans un monde où tout s'accélère !

Mangeur de temps n° 20 : les priorités et les objectifs confus et changeants

Qu'est-ce qui est important pour moi ? Une question primordiale, souvent perdue dans la masse des activités quotidiennes plus ou moins choisies ou appréciées. Pourtant, se relier à ses valeurs profondes, à ses priorités est essentiel pour s'épanouir pleinement.

Je passe à l'action

- **Astuce :** faites la chasse aux fausses priorités ! L'occasion de mettre en lumière les gros cailloux, à placer dans vos journées avant le gravier et le sable (autrement dit les objectifs secondaires). Il s'agit là de prioriser en conscience. Par exemple au bureau, est-ce vraiment nécessaire d'appeler ce client dans la minute ?
- **Des mots qui motivent :** « *Pour réaliser une chose vraiment extraordinaire, commencez par la rêver. Ensuite, réveillez-vous calmement et allez d'un trait jusqu'au bout de votre rêve sans jamais vous laisser décourager* », Walt Disney.
- **Du tac au tac :** chaque matin en arrivant au travail, commencez toujours par votre principal objectif de la journée. N'y dérogez pas et commencez par aller dans cette direction avant de vous faire embarquer dans d'autres tâches.
- **C'est pour demain :** qu'est-ce qui est important pour vous ? Qu'est-ce qui fait sens pour vous ? Écrivez dans un carnet tout ce qui

pour vous fait le sel de la vie, tout ce qui vous est cher et vous apporte du bien-être, du plaisir, du bonheur.

- **Rituel :** les priorités et objectifs changeants font partie du jeu. Ils sont aussi la preuve d'une souplesse d'esprit et de la mise en pratique de notre capacité d'adaptation face aux mouvements du monde. Il est ainsi important de revoir régulièrement certaines de ses priorités et objectifs (qui ne sont peut-être plus ceux d'il y a un an ou ceux d'hier) pour voir si on est toujours en accord avec eux et si ce sont toujours des sources de motivation. Car parfois, on se fatigue et on passe du temps à atteindre un objectif qui n'est pas vraiment le sien ou qui n'est plus d'actualité. Quelles sont vos priorités et objectifs actuels ? Vous pouvez peut-être vous procurer un carnet dédié qui verra évoluer vos projets au fil du temps !

- **Ma nouvelle bonne résolution pour clarifier mes priorités et objectifs :**

....

....

....

- **Défi :** prenez une feuille et un crayon et notez votre prochain objectif (personnel ou professionnel). Prenez le temps d'indiquer les différentes étapes, les différents échelons pour l'atteindre. Pour cela, précisez de petits pas (inspirez-vous de la méthode Kaizen qui invite à avancer pas à pas pour atteindre plus facilement, plus sûrement et plus durablement ses objectifs) dans les grandes actions. Par exemple, si votre objectif est de pratiquer une activité sportive régulière, l'un des petits pas pourra être de commencer par 3 minutes quotidiennes de gainage. Pour favoriser la réalisation de vos objectifs, dégagez-vous des créneaux horaires prédéfinis (si possible à la même heure tous les jours, pour instaurer une habitude), précisez les détails de votre objectif (dans l'exemple de l'activité sportive, indiquez durant combien de temps par jour ou par semaine vous souhaiteriez à terme faire du sport), ainsi que la date de concrétisation souhaitée.

Mangeur de temps n° 21 : le perfectionnisme

Ce trait de caractère peut devenir pathologique et empoisonner la vie de celle ou de celui qui le cultive en excès. Souvent lié à l'estime de soi, le perfectionnisme nous parle de quête de performances, d'attention (toujours faire au mieux en attente de reconnaissance, d'amour), de peur du jugement, de besoin de tout maîtriser. Alors qu'il peut être une force pour atteindre certains objectifs, il peut par ailleurs devenir un mangeur de temps quand le niveau d'exigence est trop élevé, voire carrément inaccessible. Il est alors question de pression que l'on subit de la part d'autrui ou que l'on se met à soi-même, et qui génère une insatisfaction régulière.

Je passe à l'action

- **Astuce :** adaptez votre niveau d'exigence. Par exemple, pour préparer une note de synthèse vous pouvez vous fixer un niveau d'exigence moins élevé que pour la préparation d'un dossier professionnel engageant pour votre entreprise. Dans le premier cas, vous pouvez traiter cette tâche avec une certaine souplesse, dans le second, vous pouvez vous fixer des objectifs ambitieux mais atteignables.

- **Des mots qui motivent :** *« Quelquefois l'échec est nécessaire à l'artiste. Cela lui rappelle que l'échec n'est pas un désastre définitif. Et cela le libère de la tapageuse contrainte du perfectionnisme »*, John Berger.
- **Du tac au tac :** vous n'êtes pas pleinement satisfait du menu que vous avez cuisiné pour vos invités du soir ? Passez outre à vos petites insatisfactions, lâchez prise et vivez le moment !
- **C'est pour demain :** parfois, le perfectionnisme est appuyé par la pression extérieure. Efforcez-vous de vous entourer de personnes positives, bienveillantes, tolérantes qui savent complimenter sans en attendre toujours plus.
- **Rituel :** pour savoir si vous êtes dans un perfectionnisme constructif, prenez l'habitude de vous demander s'il vous stimule dans vos actions et vous épanouit, ou s'il vous met la tête sous l'eau et est source de souffrance. Vous détecterez ainsi le perfectionnisme positif de celui qui a tendance à vous gâcher la vie, à vous faire perdre du temps

inutilement, et pourrez ainsi en fonction de votre analyse corriger le tir, revoir vos objectifs et votre niveau d'exigence.

- **Ma nouvelle bonne résolution en matière de perfectionnisme :**

....

....

....

- **Défi :** dans une époque où prime le toujours mieux, le toujours plus, osez dépasser la quête de perfection permanente. Être une super maman ou un super papa n'a pas grand-chose à voir avec la perfection mais avec d'autres valeurs et vertus. Pourtant, nombreux sont celles et ceux qui se mettent une énorme pression pour être irréprochable sur tous les plans de leur vie, quitte à oublier ce qui les enthousiasme vraiment. Revenez à vous, recentrez-vous et faites ainsi du perfectionnisme une force, non un mangeur de temps inutile.

Mangeur de temps n° 22 : la tendance à en faire trop

Ce mangeur de temps peut rejoindre en un sens le précédent (voir « Le perfectionnisme », page 90), mais il nous parle aussi de la tendance à maximiser notre temps, autrement dit à en faire toujours plus en un minimum de temps. Comment sortir de cette tendance à caler un maximum de tâches, d'activités, de rendez-vous… de tout, à en faire trop ?

Je passe à l'action

- **Astuce :** intégrez des bulles temporelles dans votre agenda. Plutôt que d'additionner les actions au fil des heures, dessinez une bulle en indiquant un temps précis (par exemple 10 minutes de pause) et soufflez ! L'occasion d'assouplir et d'aérer votre emploi du temps.
- **Des mots qui motivent :** *« Les destins trop brillants amènent trop d'orages »*, Antoine de Rivarol.
- **Du tac au tac :** à en faire trop, on perd en qualité tant dans la réalisation des tâches que dans l'ancrage à l'instant présent. Concentrez-vous sur une chose à la fois.

- **C'est pour demain :** pourquoi en faites-vous trop ? Réfléchissez à cette tendance en vous demandant ce qui est en jeu dans ce comportement. Vous sentez-vous en permanence débordé(e) ? Avez-vous l'impression de tout porter sur vos épaules ? Redoutez-vous les moments libres en tête-à-tête avec vous-même ? C'est en prenant conscience de certaines réalités que l'on peut avancer et renforcer son bien-être.
- **Rituel :** la tendance à en faire trop peut devenir une grande source de stress. Pour éviter les souffrances associées, amusez-vous à étirer le temps… Il n'est pas question ici de procrastination (en remettant systématiquement au lendemain des tâches que vous pouvez accomplir le jour même), mais bien de gérer un peu différemment vos actions. Ainsi, si vous envisagez que telle tâche va vous prendre une demi-heure, bloquez sur votre agenda un créneau de 45 minutes. Un moyen pour éviter de condenser vos activités et de prendre conscience (en réalisant en premier lieu vos tâches prioritaires) que les choses peuvent souvent attendre.

- **Ma nouvelle bonne résolution pour cesser d'en faire trop :**

....

....

....

- **Défi :** et si vous vous accordiez 20 minutes à ne rien faire ? Cela vous paraît trop, pas assez ? Jouez le jeu de la non-action et bloquez-vous ce créneau en programmant une alarme pour éviter d'avoir à consulter votre téléphone afin de vérifier le temps écoulé (si vous ne portez pas de montre). Vous êtes là, juste présent(e) à l'instant, présent(e) à votre corps, à vos émotions, à vos pensées. Comment vous sentez-vous dans ce moment *off* ? Est-ce que l'ennui fait son apparition ? Ressentez-vous de l'impatience ? Apprivoisez ce qui émerge durant ce moment à ne rien faire, du moins en apparence, car il s'en passe, des choses. C'est notamment l'occasion pour votre cerveau de classer les dossiers récents (le vécu, les idées, etc.).

Mangeur de temps n° 23 : la peur du vide ou le syndrome de l'agenda à remplir

Même si nombreux sont ceux qui s'en plaignent, il existe tout de même une certaine fierté, une certaine assurance, face à l'agenda bien rempli. Comme si être débordé était à la mode, comme si cela signifiait que l'on avait une vie bien remplie (d'amis, d'activités, etc.). Pour gérer ce mangeur de temps, il s'agit donc de dépasser cet effet de mode et surtout de comprendre les enjeux autour de la peur du vide, qui peut pousser à combler la moindre parcelle de son temps.

Je passe à l'action

- **Astuce :** avant de vous offrir un moment de libre, pensez-le en amont. Cela pourra vous rassurer d'imaginer que vous allez pouvoir lire, vous relaxer, écouter de la musique… Un premier pas pour gérer cette peur du vide, quand rien n'est programmé de concret mais que flottent tout de même dans l'air des inspirations.
- **Des mots qui motivent :** *« Celui qui accepte son vide peut remplir sa vie »*, Catherine Enjolet.

- **Du tac au tac :** la respiration est un ancrage. Se mettre à son écoute, c'est un peu comme observer ce qui se passe dans sa maison intérieure. Elle nous accompagne seconde après seconde. Une véritable balise quand on a la sensation de perdre d'autres repères (par exemple en allégeant son agenda).
- **C'est pour demain :** dédouanez-vous de certaines « obligations ». L'agenda se remplit parfois pour faire plaisir aux autres. Et, même s'il est évident que c'est un point à cultiver, il ne faut pas qu'ils viennent trop grignoter votre temps. À titre d'exemple, vous n'avez peut-être pas envie d'amener vos enfants chez leurs grands-parents pour la cinquième fois de la semaine… Vous pouvez, de temps en temps, préférer un temps passé au calme en famille.
- **Rituel :** vous avez une soirée libre ? Avant d'appeler un de vos proches, réfléchissez un instant pour vous mettre à l'écoute de vos réelles envies. Faut-il absolument faire quelque chose ce soir-là ? Il ne s'agit pas là de devenir ermite, mais bien de se laisser de l'espace, de décongestionner son temps pour laisser apparaître d'autres horizons qui pourraient bien être aussi, voire plus enrichissants.

• **Ma nouvelle bonne résolution pour lutter contre le syndrome de l'agenda à remplir :**

....

....

....

• **Défi :** vous avez l'habitude d'être toujours entouré(e) ? de toujours parler avec quelqu'un (en face-à-face ou au téléphone) ? Offrez-vous un moment en tête-à-tête avec vous-même. Ce peut être une soirée que vous vous organisez en solo ou encore une pause-déjeuner. Notez votre ressenti à propos de ce temps passé seul(e). Une expérience à renouveler régulièrement pour apprivoiser sa propre compagnie, faire un peu plus connaissance avec soi-même, faire le point, écouter ses émotions, noter ses idées…

Mangeur de temps n° 24 : le manque d'ordre

Vêtements entassés sur une chaise, vaisselle accumulée, clé de voiture introuvable… Ce mangeur de temps peut prendre une grande place dans la vie de ceux qui ont du mal à ranger et qui se retrouvent soumis à un fouillis permanent. Derrière le désordre peuvent se cacher bien des raisons, dont un refus de grandir ou encore une défiance vis-à-vis de certains modèles (parents maniaques et attitude que l'on n'a pas envie de reproduire). Certains disent réussir à se retrouver dans leur « bazar », tandis que le désordre peut devenir une vraie charge mentale pour d'autres.

Je passe à l'action

- **Astuce :** rangez votre bureau chaque fin de semaine afin de revenir au travail dans un espace propre et en place.
- **Des mots qui motivent :** *« L'ordre : caractère créatif du rangement... »*, Pierre Dehaye.
- **Du tac au tac :** triez puis débarrassez-vous de tout ce dont vous n'avez pas besoin. Commencez donc par faire le tri dans votre sac à main ou votre mallette de travail.
- **C'est pour demain :** initiez-vous au *feng shui*, art chinois qui vise à équilibrer les énergies au sein d'un lieu pour favoriser le bien-être de ceux qui le traversent ou l'habitent. Choix de couleurs, de matières, emplacement de certains meubles, tri d'objets... lancez-vous dans l'aventure !

- **Rituel :** désormais, prenez l'habitude de ranger vos objets du quotidien au même endroit. Profitez-en pour en informer vos proches (à la maison) et collègues (au travail) afin que tout le monde y mette du sien et s'y retrouve ! Fini la perte de temps à chercher tel ou tel objet.

- **Ma nouvelle bonne résolution pour mettre de l'ordre :**

  ....

  ....

  ....

- **Défi :** mettez à jour votre bureau digital. Le manque d'ordre est souvent frappant sur les ordinateurs. Comme pour votre bureau « physique », créez des dossiers, classez vos photos, en bref faites le « ménage » sur votre écran.

Mangeur de temps n° 25 : la difficulté à déléguer

Déléguer, c'est tout un art ! Dans la vie personnelle comme professionnelle, porter trop de charges sur ses épaules peut avoir des conséquences parfois dramatiques. Suivant bien souvent le fameux dicton « On n'est jamais mieux servi que par soi-même », il est aisé de s'obstiner à vouloir tout maîtriser, tout gérer, tout faire à sa façon. Pourtant, le fait de déléguer peut être une véritable libération temporelle et émotionnelle.

Je passe à l'action

- **Astuce :** pour déléguer efficacement, « formez » correctement la personne qui va prendre la relève. Cela peut passer par le fait d'expliquer clairement la tâche à réaliser, peut-être par le fait de réaliser cette tâche ensemble pour montrer concrètement ce que vous attendez. Cela vous fera gagner un temps précieux en évitant d'avoir à reprendre le travail ou le dossier plus tard.
- **Des mots qui motivent :** *« Le sport consiste à déléguer au corps quelques-unes des vertus les plus fortes de l'âme »*, Jean Giraudoux.
- **Du tac au tac :** vous souffrez de délégation insuffisante ? Prenez une feuille et un crayon, tracez un trait vertical pour délimiter deux colonnes et indiquez, dans l'une, toutes les tâches que vous pourriez déléguer dans votre vie personnelle, dans l'autre, celles que vous

pourriez déléguer dans votre vie professionnelle. Vous vous rendrez sans doute compte que, pour nombre d'entre elles, vous n'êtes pas la seule ou le seul à pouvoir les gérer.

- **C'est pour demain :** offrez votre confiance. C'est un des plus beaux cadeaux que l'on peut offrir. Cela ne vous empêche pas de « former » la personne à qui vous allez déléguer une mission, mais ensuite, lâchez prise. Certes, le travail ne sera peut-être pas exécuté exactement comme vous le faites habituellement, mais cela ne veut pas dire qu'il perdra en qualité. Déléguer vraiment (sans surveiller ou avoir des choses à redire), c'est faire confiance.
- **Rituel :** lorsque vous déléguez une mission, la première des choses est de bien expliquer son objectif et ses limites. Cela vous épargnera des confusions, notamment au niveau des responsabilités de chacun.

- **Ma nouvelle bonne résolution pour parvenir à déléguer :**

....

....

....

- **Défi :** pour dépasser la difficulté à déléguer, lancez-vous de petits défis progressifs. Au travail, vous pouvez commencer par confier à un collègue une tâche de routine dans la gestion d'un dossier client. Plus tard, invitez-le à joindre directement le client. Bien sûr, le fait de déléguer est très personnel et dépend de vos besoins, envies, mais aussi de votre organisation. Jouez le jeu de petites missions déléguées pour prendre confiance en ce mode de fonctionnement. Vous pouvez ajuster tâches et recommandations en fonction des personnes à qui vous déléguez. Si vous souhaitez donner certaines missions à vos enfants, par exemple le fait d'apporter leur linge sale dans la machine à laver, adaptez au fur et à mesure de leur évolution les tâches que vous souhaitez leur confier.

Mangeur de temps n° 26 : la résistance aux changements

Attardons-nous ici sur un autre dicton, celui du « C'était mieux avant ». En quoi résister aux changements représente-t-il un mangeur de temps ? Il s'agit là d'une forme d'immobilisme qui, par définition, empêche d'avancer, et qui laisse dans l'appréhension de perdre ses repères. Qu'elle soit liée à des motifs personnels, le manque de confiance notamment, ou à des motifs extérieurs, à l'image de privilèges en bascule (par exemple dans le cadre du travail), la résistance aux changements peut être apprivoisée.

Je passe à l'action

- **Astuce :** dans une situation identifiée de résistance au changement, écoutez, observez, discutez, sortez de votre discours intérieur qui devient parfois stérile et négatif en tournant en boucle.
- **Des mots qui motivent :** *« Tout est changement, non pour ne plus être mais pour devenir ce qui n'est pas encore »*, Épictète.
- **Du tac au tac :** identifiez quelle forme de résistance vous avez tendance à mettre en œuvre. Face au changement, êtes-vous plutôt du genre à rester passif/passive dans une forme d'inertie (« En attendant de voir ce qu'il se passe… ») ? Faites-vous mine d'accepter ce qui se présente en cherchant en réalité à faire en sorte que cela n'arrive pas ? La colère et l'indignation sont-elles vos

premiers réflexes ? Vous efforcez-vous d'argumenter pour prouver que la situation est préférable telle qu'elle est ?

- **C'est pour demain :** plutôt que d'être dans l'opposition pure (même si parfois cette posture est un choix conscient et adapté), imaginez en quoi le changement qui se présente pourra vous être profitable. Vous pouvez ainsi noter les possibilités, les nouveautés constructives qu'il pourra apporter. L'occasion de vous projeter positivement dans cette future évolution.
- **Rituel :** face au besoin de repères rassurants, équilibrants, qui peuvent être déstabilisés en vue d'un changement, renforcez votre capacité d'adaptation. Une alliée précieuse dans un monde en mouvement. Pour l'entraîner, vous pouvez par exemple transformer temporairement certaines de vos habitudes, comme changer de trajet pour vous rendre au travail.

- **Ma nouvelle bonne résolution pour assouplir ma résistance aux changements :**

....

....

....

- **Défi :** placez-vous dans une posture d'ouverture, physiquement, en vous asseyant au sol en tailleur, le dos bien droit, les épaules légèrement en arrière. Mettez-vous à l'écoute de votre monde intérieur, notamment à travers votre souffle, mais aussi du monde extérieur. Maintenant, accueillez simplement ce qui vient – sensations, émotions, pensées, sons, etc. – sans résistance aucune. Dès que vous prenez conscience que vous vous crispez, par exemple en pensant à un sujet en particulier, prenez une grande respiration et revenez à l'écoute de votre souffle.

Mangeur de temps n° 27 : l'inaptitude à dire « non »

Apprendre à dire « non », une véritable entreprise pour défendre son temps ! Peur de blesser, manque de confiance en soi, culpabilité… Dire « non » n'est pas une mince affaire. Pourtant, apprivoiser ce mot, simple en apparence, est salvateur.

Je passe à l'action

- **Astuce :** d'instinct, la plupart du temps vous savez si vous avez envie de répondre « oui » ou « non ». Dès que l'on vous fait une demande, mettez-vous à l'écoute de ce que vous ressentez, de ce que vous aimeriez répondre. En laissant ainsi plus de place à votre ressenti, celui-ci pourra prendre de plus en plus de poids pour parvenir à formuler une réponse en accord avec vous-même.
- **Des mots qui motivent :** *« Heureux et libre est celui qui ose dire non ! »*, Peter de Genestet.
- **Du tac au tac :** savoir dire « non » est une marque de courage et de respect de soi. N'hésitez pas à vous répéter intérieurement les mots « courage » et « respect » lorsque vous devez vous prononcer. Autre point qui peut renforcer l'affirmation de soi : dites-vous que vous êtes en train de défendre votre temps, le bien le plus précieux.
- **C'est pour demain :** qu'est-ce qui vous pousse à dire « oui » alors que vous souhaiteriez dire « non » ? Prenez le temps de la réflexion. Cette réponse « contrainte » serait-elle liée à certaines conventions sociales ?

Avez-vous l'impression de préserver une certaine image de vous en répondant par l'affirmative ? Préférez-vous dire « oui » pour vous protéger d'un éventuel sentiment de culpabilité qui peut aller de pair avec le « non » ?

- **Rituel :** dans les situations de la vie quotidienne, dire « non » est bien lié au fait de protéger son temps (de se préserver soi-même) et pas à un rejet. Il est important de bien faire la part des choses pour revaloriser ce mot de trois lettres et le transformer en quelque chose de positif. Aussi, il est question de ne pas blesser autrui, de faire preuve de diplomatie. Tout se joue dans la communication et parfois dans le compromis. Par exemple, si vous refusez une invitation au cinéma parce que vous avez envie d'aller vous promener en plein air, rien ne vous empêche de proposer à la personne qui vous a soumis cette activité de vous suivre.

- **Ma nouvelle bonne résolution pour apprendre à dire « non » :**

....

....

....

- **Défi :** trouver l'équilibre entre le « oui » et le « non » est un défi du quotidien. On peut par exemple rendre régulièrement service à une personne sans pour autant être à sa disposition. Il s'agit là de trouver la bonne mesure en fonction de votre personnalité et des contextes rencontrés. Il s'agit aussi d'apprendre à gérer la culpabilité qui peut survenir lorsqu'on se prononce par la négative, par exemple pour un travail demandé par un collègue alors que l'on est déjà bien débordé. Parler, échanger restent les maîtres mots pour communiquer son ressenti et les raisons d'un refus.

Mangeur de temps n° 28 : la fatigue

À trop vouloir en faire, à tout porter sur ses épaules, à ne pas s'autoriser suffisamment de temps libre, on en vient à se fatiguer. Tout le temps qu'on croit avoir « gagné » par la suractivité prend alors une autre dimension et se traduit par une baisse de forme plus ou moins grande. Les personnes touchées par le *burn out* nous parlent par exemple d'arrêt du temps. De nombreuses personnes qui l'ont vécu se disent vidées de leur énergie et incapables de faire quoi que ce soit. Il est ici question d'apprendre à se préserver car, comme le dit le proverbe, « rien ne sert de courir, il faut partir à point ».

Je passe à l'action

- **Astuce :** instaurez dans vos journées une ou des pauses obligatoires. À vous de définir leur durée et leur place dans votre agenda, mais respectez cette règle : rien ne peut empiéter sur ce temps que vous vous accordez.
- **Des mots qui motivent :** *« Ce qui distingue l'autodidacte de celui qui a fait des études, ce n'est pas l'ampleur des connaissances, mais des degrés différents de vitalité et de confiance en soi »*, Milan Kundera.
- **Du tac au tac :** prenez un temps pour respirer amplement et bien oxygéner votre corps. Inspirez profondément puis soufflez longuement par la bouche. Effectuez ainsi cinq respirations profondes et répétez l'exercice au cours de vos journées.
- **C'est pour demain :** lorsque l'on est fatigué, on est souvent moins concentré, moins efficace sur ses tâches. Le sommeil joue bien évidemment un grand rôle dans la forme

globale. Pour le préserver, invitez-vous à vous coucher en moyenne à la même heure, à éteindre les écrans une heure avant d'aller dormir et à instaurer une ambiance calme et sereine dans votre chambre. Un sommeil récupérateur est essentiel.

- **Rituel :** selon la vie que nous menons, et notamment le travail que nous faisons, nous avons une tendance à la sédentarité, qui pèse sur notre forme et notre santé. Désormais, instaurez des rituels pour bouger dans votre quotidien. Cela peut simplement être de vous lever de temps en temps de votre bureau pour faire quelques pas, ce peut aussi être de vous inscrire à un cours de sport, de vous rendre au travail à vélo (ou d'aller chercher votre pain par ce biais), d'aller vous promener une demi-heure à la pause-déjeuner, etc. Mettez votre corps en mouvement, bougez, vous stimulerez votre bien-être et votre vitalité !

- **Ma nouvelle bonne résolution pour rester en forme :**

....

....

....

- **Défi :** offrez-vous une journée bien-être. Ce jour se doit d'être consacré uniquement à la détente. Si vous aimez dessiner et que cela vous relaxe, prenez un crayon et installez-vous confortablement. Vous pouvez aussi vous offrir un massage, une demi-journée de balnéothérapie, un après-midi de lecture, un cours de pâtisserie... Organisez-vous une journée relax ! Et répétez l'opération à l'envi !

Mangeur de temps n° 29 : le manque de planification

Il est ici question d'organisation. Prudence, cependant... car le manque de planification est un mangeur de temps, mais le surplus de planification peut aussi en devenir un ! Il est important de bien jauger ses besoins en la matière pour faire au plus juste. Par exemple, ne pas avoir de plan de travail quotidien peut jouer contre vous, de même que le fait de ne pas vous imposer de dates précises, notamment dans la remise d'un dossier.

Je passe à l'action

- **Astuce :** anticipez, tout en laissant de la marge à l'imprévu, est bien souvent propice à une bonne gestion du temps. Par exemple, en anticipant le dîner du soir, vous n'aurez pas à tourner en rond dans votre cuisine à la recherche d'une idée dans un moment où vous êtes peu inspiré(e) (notamment le soir, fatigué(e) par une journée de travail) ni à courir à la supérette du coin pour vous fournir en œufs.
- **Des mots qui motivent :** « *On dit que le désir naît de la volonté, c'est le contraire, c'est du désir que naît la volonté. Le désir est fils de l'organisation* », Diderot.
- **Du tac au tac :** comme vous pouvez réaliser un plan de travail quotidien pour mieux vous y retrouver dans vos tâches professionnelles et être plus efficace, vous pouvez aussi la veille au soir prendre une minute pour lister vos tâches personnelles du lendemain. Une occasion pour clarifier vos objectifs (et faire la part des choses entre ce que vous aurez vraiment le temps de faire et ce que vous pourrez éventuellement déléguer), pour

ne rien oublier et pour vous coucher plus sereinement en vous allégeant l'esprit.

- **C'est pour demain :** à trop planifier, on peut manquer de naturel, de spontanéité. Au contraire, en ne s'organisant pas suffisamment, on peut manquer de belles occasions, se rendre compte que l'on est passé à côté de quelque chose qui nous aurait fait plaisir. Ce peut être par exemple le cas en partant en vacances : préparer un fil rouge, dessiner de grandes lignes peut être bien utile. Cela est aussi valable dans la vie quotidienne : le manque de planification peut par exemple vous faire oublier un rendez-vous qu'il vous faudra reprogrammer par la suite. Trouvez ainsi votre équilibre dans un niveau de planification qui soit aussi adapté à votre philosophie de vie.
- **Rituel :** prenez l'habitude de vous poser des dates limites pour certaines tâches et projets. Cela vous permettra de limiter la procrastination et d'avancer plus efficacement.

- **Ma nouvelle bonne résolution pour mieux m'organiser :**

....

....

....

- **Défi :** la planification positive a du bon. Elle peut notamment permettre de vous organiser des espaces de temps pour vous, votre famille ou en couple. Anticipez ainsi les week-ends en planifiant par exemple un séjour en amoureux. Le fait de prévoir cette parenthèse à deux vous invite à vous mettre à jour au niveau du travail (pour ne pas avoir de dossiers à rapporter à la maison ce week-end-là), mais aussi à prévenir les grands-parents (qui n'auraient peut-être pas été disponibles en leur demandant ce service à la dernière minute) pour faire garder vos enfants.

Mangeur de temps n° 30 : l'accumulation d'informations

La vie bouillonne d'idées, de projets, d'envies, d'activités. Et lorsqu'on se retrouve à courir après tout ce que l'on entreprend, cela peut nous faire perdre notre temps. Mais comment résister aux sirènes de la suractivité, où l'on accumule toutes sortes d'informations, pour mieux se recentrer ?

Je passe à l'action

- **Astuce :** classez vos idées et vos travaux en cours dans un cahier ou sur un tableau. Vous libérerez ainsi un peu votre cerveau et, une fois écrites noir sur blanc, les choses sont souvent plus claires. Vous pouvez par exemple intituler une colonne « Tâches de la semaine », une autre « Projets en cours », une autre encore « Idées pour plus tard ».
- **Des mots qui motivent :** *« On fait la science avec des faits, comme on fait une maison avec des pierres : mais une accumulation de faits n'est pas plus une science qu'un tas de pierres n'est une maison »*, Henri Poincaré.
- **Du tac au tac :** face à la quantité, pensez en termes de qualité. Lorsque vous vous affairez à une tâche, mettez-y du cœur et du soin avant de passer, en toute conscience, à une autre.
- **C'est pour demain :** notez vos travaux en cours. Dans la mesure du possible, selon

que ce soit une mission professionnelle ou personnelle, consacrez-vous uniquement à l'une d'entre elles durant la journée (ou la semaine, selon l'ampleur de la tâche) à venir. Même s'il est parfois bon d'avoir plusieurs projets en même temps – pour, lorsqu'on n'a plus l'énergie de travailler sur l'un, se reporter sur l'autre –, il est aussi bon d'en terminer certains. Apprenez ainsi à fermer des portes pour en ouvrir de nouvelles l'esprit plus libre.

- **Rituel :** dans la montagne de projets, de tâches et d'activités qui tourbillonne dans votre esprit, faites régulièrement le tri. Quels sont celles et ceux qui sont vraiment importants pour moi ? Quels sont les plus urgent(e)s et ceux que je pourrai traiter plus tard ? Vous éviterez ainsi de trop vous disperser.

- **Ma nouvelle bonne résolution pour éviter d'accumuler des informations :**

....

....

....

- **Défi :** planifiez les projets qui se concrétisent sur le long terme pour éviter de vous retrouver submergé(e) et de ne plus savoir par quel bout les prendre, ni par lequel commencer. Indiquez sur votre agenda des étapes précises pour progresser sereinement dans leur réalisation, un pas après l'autre, tout en veillant à avoir des moments définis pour vous y consacrer. Cela peut vous prendre un certain temps à mettre en place, mais vous en fera gagner à coup sûr à l'avenir.

Le fameux « *carpe diem* », cueillir le jour (pour résumer brièvement cette maxime), nous invite à savourer le présent. Au quotidien, apprendre à gérer ses mangeurs de temps consiste justement à apporter plus de conscience dans sa vie, plus de présence à l'instant. C'est aussi organiser son temps différemment, en le valorisant, en ayant à cœur de le dédier majoritairement à ses priorités, à tout ce qui fait sens pour soi.

Reprendre les rênes de son temps plutôt que de le voir se dilapider sans mot dire, c'est le défendre, le préserver, c'est entamer un chemin de reconnexion à soi, aux autres et au monde pour revenir à l'essentiel.

Notes

1. Définition issue du Larousse.
2. TV5 Monde, « L'Invité ».
3. Extrait du *Monde*, « La cuisine, c'est la maîtrise du geste et du temps », Thierry Marx.
4. Extrait du *Monde*, « Comment échapper à la frénésie de notre société ? », Pierre Rabhi.
5. Extrait du *Monde*, « Le bonheur dépend de notre emploi du temps », Jean-Louis Servan-Schreiber.
6. Jean-Louis Servan-Schreiber, *L'Art du temps*, Fayard, 1983.
7. Extrait du *Monde*, « En mer, on a parfois la sensation de vivre une semaine en une seule journée », Ellen MacArthur, propos recueillis par Anne-Sophie Novel.
8. Alec Mackenzie, *The Time Trap*, Amacom, 1990.
9. Jean-Louis Servan-Schreiber, *L'Art du temps*, Fayard, 1983.
10. Moyenne mondiale issue du rapport 2021 publié par We Are Social et Hootsuite.
11. Pour 86 % des personnes interrogées, selon une enquête menée par l'institut BVA avec Tryane.
12. Source Ipsos : « Les Français et les files d'attente ».
13. Évaluation réalisée par le cabinet américain INRIX.
14. Insee, France, enquête « Emploi du temps », 2010.
15. Pour plus d'informations sur le sujet, découvrez le documentaire *The True Cost* réalisé en 2015 par Andrew Morgan.
16. Source : émission « Hashtag », France Culture, #envahiparlapub, 2018.

Dépôt légal : janvier 2022
Achevé d'imprimer en décembre 2021
Imprimé en France par Laballery
N° d'impression : 110811